贰

中華武術大觀

图书在版编目(CIP)数据

关永年专辑:太极内功养生术 / 关永年编著. —武汉:湖北科学技术出版社, 2016.10
ISBN 978-7-5352-9159-2

Ⅰ.①关… Ⅱ.①关… Ⅲ.①太极拳—养生(中医) Ⅳ.①G852.11 ②R212

中国版本图书馆 CIP 数据核字(2016)第 240326 号

责任编辑:谭学军　徐　竹　　　封面设计:胡　博

出版发行:湖北科学技术出版社　　　电话:027—87679468
地　　址:武汉市雄楚大街 268 号　　　邮编:430070
　　　　(湖北出版文化城 B 座 13—14 层)
网　　址:http://www.hbstp.com.cn

印　　刷:随州大同文化有限公司　　　邮编:441300

787×1092　1/16　　6.25 印张　　6 插页　　93 千字
2016 年 7 月第 1 版　　2016 年 7 月第 1 次印刷
定价:32.00 元

關永年

太極内功養生術專輯

長江出版傳媒
湖北科学技术出版社
南粵出版社

責任編輯　董陽　奕江　葉生剛　李愼謙
執行編輯　李愼謙
封面設計　洪清淇
攝　　影　孔可風
插　　圖　秦滋宣

書　　名　關永年專輯・太極内功養生術
（中華武術大觀・貳）
編 著 者　關永年
協助整理　李玉英
聯合出版　南粵出版社
香港域多利皇后街十號 801 室
SOUTH CHINA PRESS
Rm. 801, 10 Queen Victoria Street, Hongkong
湖北科學技術出版社
中國湖北省武漢市東亭路 2 號
HUBEI SCIENCE AND TECHNOLOGY PRESS
2 Dong Ting Road, Wuhan, Hubei, China
發　　行　三聯書店（香港）有限公司
香港域多利皇后街九號
JOINT PUBLISHING (H. K.) CO., LTD.
9 Queen Victoria Street, Hongkong
印　　刷　陽光印刷製本廠
香港柴灣嘉業街十號 12 樓
版　　次　1990 年 9 月香港第一版第一次印刷
規　　格　16 開（184×260mm）110 面
國際書號　ISBN 962・04・0826・8

Published & Printed in Hongkong

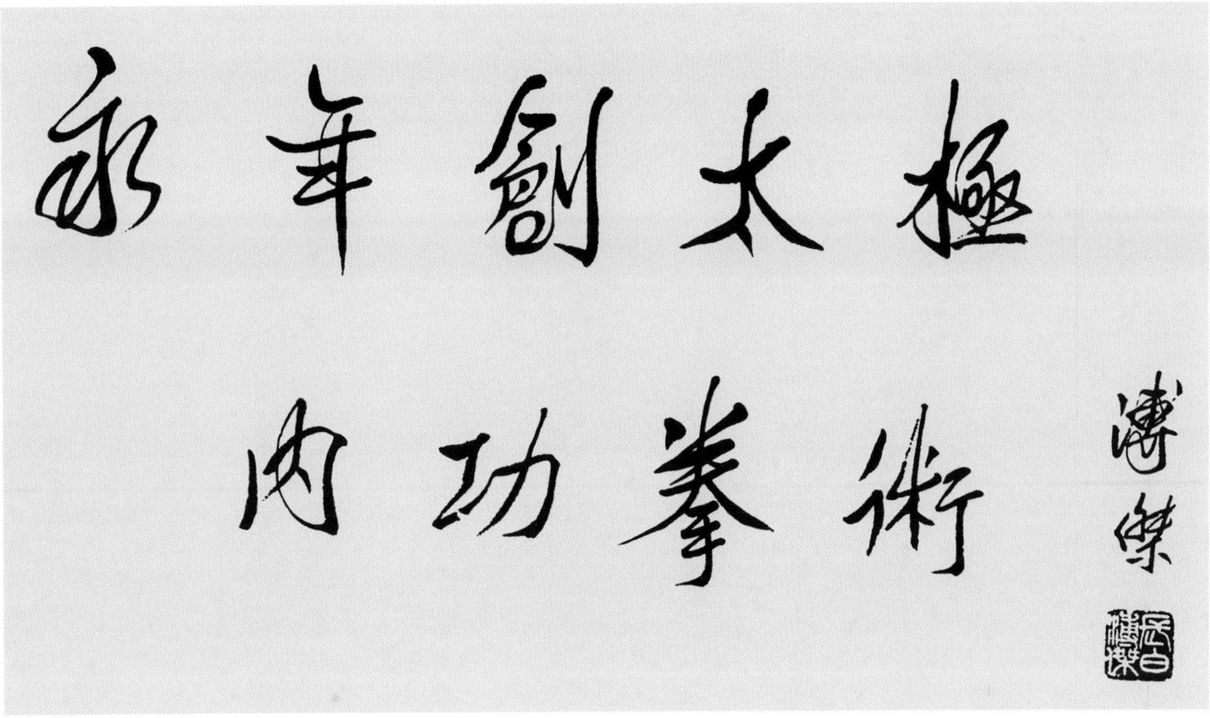
永年創太極
內功拳術
濤傑

2

1

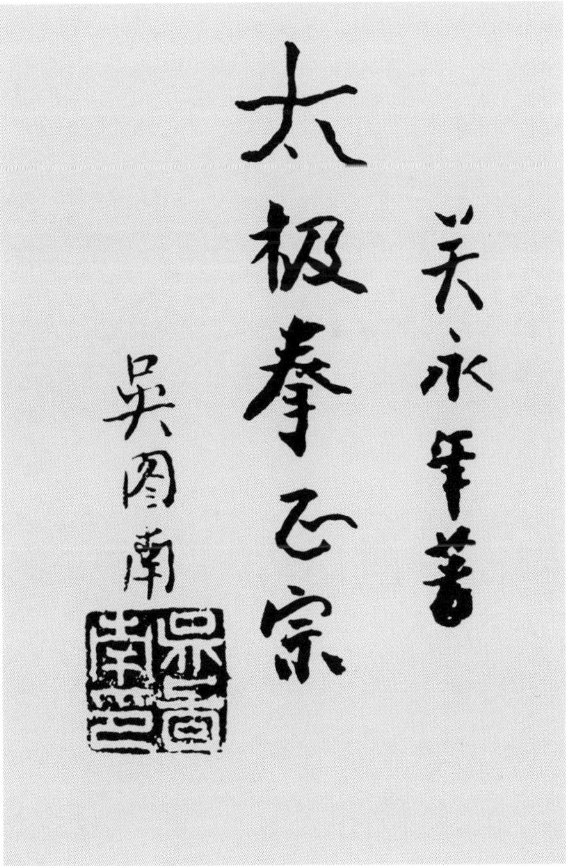
太极拳正宗
吴永年著
吴图南

3

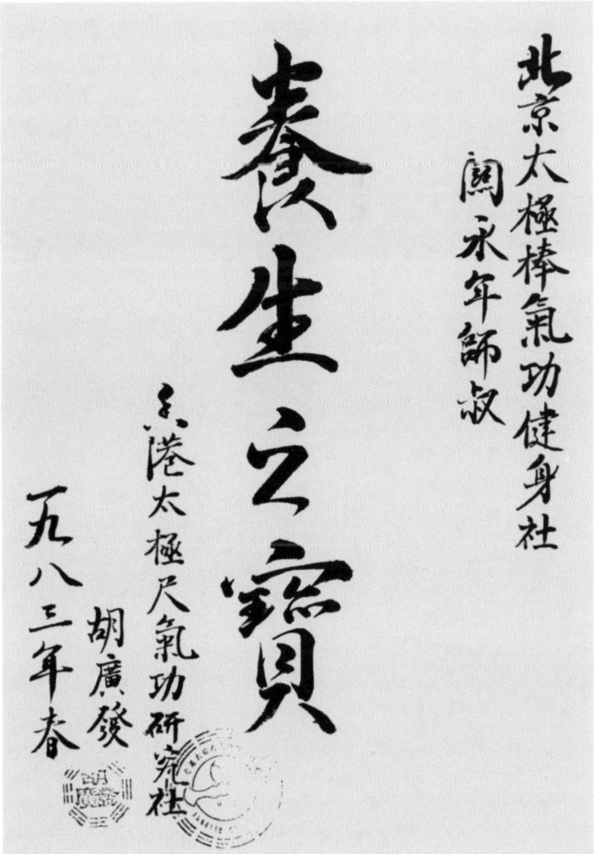
北京太極棒氣功健身社
閻永年師叔
養生之寶
香港太極尺氣功研究社
一九八三年春
胡廣發

1. 吴氏太極拳大師吴圖南先生給關永年的親筆題字
2. 溥傑給關永年的親筆題字
3. “香港太極尺氣功研究社”社長胡廣發先生給關永年的親筆題字
4. 柔術氣功創始人趙中道大師遺像
5. 孫禄堂大師(中)和李星階大師在一起(左係李之弟子伯仁)
6. 太極内功養生拳創始人關永年
7. 關永年演練太極棒樁功
8. 關永年演練太極棒中弓箭定步站抖
9. 關永年演練太極棒中弓箭起落步轉功

4

5

6

7

8

9

10

11

10. 關永年演練太極球功之一
11. 關永年演練太極球功之二
12. 關永年演練太極球功之三
13. 關永年演練太極内功養生拳中十字擺蓮腿
14. 關永年演練太極内功養生拳中懶龍右卧道
15. 關永年演授太極棒站功
16. 關永年、李玉英共研推手
17. 關永年(中右)和“香港太極尺氣功研究社”社長胡廣發(中左)及部分社員合影

14

12

13

15

16

17

18

18. 關永年爲“香港太極尺氣功研究社”演授單揉球術

19. 關永年在研究趙中道先師的《太極柔術説明書》

19

總　　序

中華民族，歷來文武并重，“乃武乃文”（《書·大禹謨》）。最初建立國家，都是以武來完成的。周武王於牧野誓師，號令：“稱爾戈，比爾干，立爾矛。”滅掉暴君商紂，立即“歸馬於華山之陽，放牛於桃林之野”。（《書·武成》）春秋宣公十二年，楚敗晉師於邲，楚子明確地指出：“夫文，止戈爲武。”接着進一步指出：“夫武，禁暴、戢兵、保大、定功、安民、和衆、豐財者也。”也就是“武有七德”的説法。武，不可一日廢，但決不提倡“耀武觀兵”。

古代教學，也是文武并重。《周禮·地官司徒·保氏》：“保氏掌諫王惡；而養國子以道，乃教之六藝。”其中“射”與“御”，即着眼於培育國防人才。《文獻通考·選舉考·武舉》：“漢興，六郡良家子，選給羽林期門，以材力爲官，名將多出焉。”《事物紀原·學校貢舉部·武舉》：“《唐會要》曰：‘長安三年正月十七日，詔天下諸州，宣教武藝，每年準明經進士，貢舉例送，此武舉之始也。’”漢、唐以後，歷代相沿。雖有起落，并未中止。

當然，今天的武術運動，只是整個體育事業中的一個組成部分。由於時代的推移，它的作用，應當賦予新的內容。在增强全民體質、提高世界武術運動水平的前提下，挖掘整理傳統套路和鍛煉方法；研討修身養性、攻防技擊等有效成果，以之公諸同好，作他山之助。

本叢書基於上述目的，分輯陸續出版。舉凡各門派有代表性之拳、械具鮮明特色者，兼收并蓄，百花齊放，四海一家，無分軒輊。

“天行健，君子以自强不息。”願八方風動，我武維揚。

《中華武術大觀》編委會

目　　録

序　　篇

一、太極内功養生術的特點

太極内功養生術，是在集柔術、太極拳和養氣功之長的基礎上，不斷豐富、發展起來的。它是太極棒、太極球和太極内功養生拳的總稱。

太極内功養生術是以先師的太極柔術作爲基礎的。但在後來的功理、功法的發展和形成中，運用了陰陽五行學説和中醫經絡理論，并廣泛吸取了各内家拳術之長。因此，它明顯具有以疏通經絡，調和氣血，使人體自我調節生理機能得到充分發揮，從而調整機體内在由於身心失調引起的不平衡狀態，以達到强身健體的目的這一般氣功所具有的特點；同時還具有“借力”，以“四兩撥千斤”等内家拳術的防守之術。

太極内功養生術的動作，始終要求“柔和平穩”“舒展自然”，通過做柔和緩慢的動作，誘導人較快入静，即“外動而内静”。但内静之後要使人的内三寶（精、氣、神）不致散亂，而必須順勢移意於丹田中，這是該術中比較典型的特點。

太極内功養生術着重於内養，防病健體。因此，講求“氣由神運，意在力行，勁隨脈走”，以求舒筋活絡，行血理氣。長期堅持對中樞神經系統、呼吸、消化和心血管系統、骨骼肌肉等器官有良好的作用。由於是以意識引導動作并配以均匀深沉的呼吸，練後，周身血脈流通而不氣喘，身心舒適，精神焕發。因而對高血壓、心臟病、神經衰弱、胃潰瘍、風濕骨痛、腰腎病等都有一定作用。經過多少人次體驗，皆獲得了較好的健體、養身效果。正如趙中道大師養生口訣所述：“一意清静日常歡，六福和合自安然，丹田有寶休多問，處境無心得延年。”被譽爲東方長壽之瑰寶。

總之，太極内功養生術是一種結構嚴謹，動作柔和平穩，意識動作統一，養生、防身兼備，側重於養生，且得到廣大演練者證實其養生效果較明顯的風格獨特的養生術。

二、太極内功養生術淵源簡述

趙中道師原名宗潘，字憲章，終生從事太極内功亦稱太極柔術的研究、鍛煉和傳授。以太極棒（太極棒原名“乾坤尺”“乾坤寶尺”“定心針”）功和球功（單雙木及石球）爲主，專練先天之氣。先師生於公元1843年，卒於1963年，享年119歲，無疾而終。

先師生前傳授了幾十年的古老健身術，世居東北瀋陽市新民縣。早在20世纪20年代，就著書介紹該功法。如《太極柔術説明書》（關東印書館，1928年出版）（圖一）和《太極柔術簡略説明書》（太歲乙亥年出版）以及《柔術簡章》等。

清初，先師之先祖被封正紅旗，賜姓依爾恩覺羅氏。此家族以武功馳名關外。六十多年前，庚子義和團運動中，社會變亂，不法之徒趁機騷擾，先師奮起保衛地方，常以太極内功（霑、連、粘、隨，引進落空）之功交手取勝。凡對方感覺似挨非挨之際，實已騰空傾身而出，或數十步之外，或丈餘之遠，只覺身飛如雪花之飄，毫無痛楚。此乃太極内勁發放人之遠勁。若欲致敵以内傷，則取鬆中的“抖彈”勁，此勁如放電之勢，穿透能力頗强。

先師出生之際，正值鴉片戰争以後，國人被誣爲“東亞病夫”之時。先師慨然以强國必先强身之旨，立志鑽研“太極内功”健身之術。

先師身高1.78米，面色潤澤，兩目炯炯有神。坐如銅鐘在地，立如老鬆參天。話聲洪亮，内氣充盈。鼓蕩可使腹堅如鋼，亦可使腹鬆如棉。年逾九十餘歲，仍然耳聰目明，牙齒堅固。身輕似燕，健步若飛。因而被衆人稱之“趙飛腿”。除專攻太極内功——棒、球等先天氣功之法外，又練“二人合掌運動”，以霑、連、粘、隨内功之勁，剛柔相濟，步靈勁整，閃戰騰挪，變化無窮而神妙莫測。

先師在北京寓居多年，并以此内功之術而聞名於京城内外，近二十年來則又聞名於香港等地。1954 年開始，在京正式成立“太極柔術健身社”，傳其術，治病救人，得愈者數以萬計，貢獻甚大。

永年於 1953 年助先師辦社，同時，拜爲門下，研習此功。

1957 年黄緑野（號緑樹）老先生患病，雖經各大醫院名醫多方治療，毫無起色。黄老當時年近七旬，入社練功半年，諸病得消，身體轉弱爲强。後來與永年商榷，著書立説，因而編有《太極棒練習》及《太極棒療養法》等書問世。從此，太極棒之名始張。

永年助趙先師辦社之前，永年祖父與形意單刀李存義高足李文亭（字星階）曾於 1928 年通過天津中華武士會結爲良友，親如一家。父及二、四叔父均叩拜爲門下，習形意及孫式開合太極拳。永年既承家學，并得師伯李春華［字春白，號敦素，爲李星階之子，孫福全（禄堂）老先生之高足］指點，習練甚勤，先後共三十五年。繼而創編拳式，拳式定名爲“太極内功養生拳”，近年在北京廣爲傳練。

圖一 原《太極柔術說明書》的序及部分插圖的影印原件

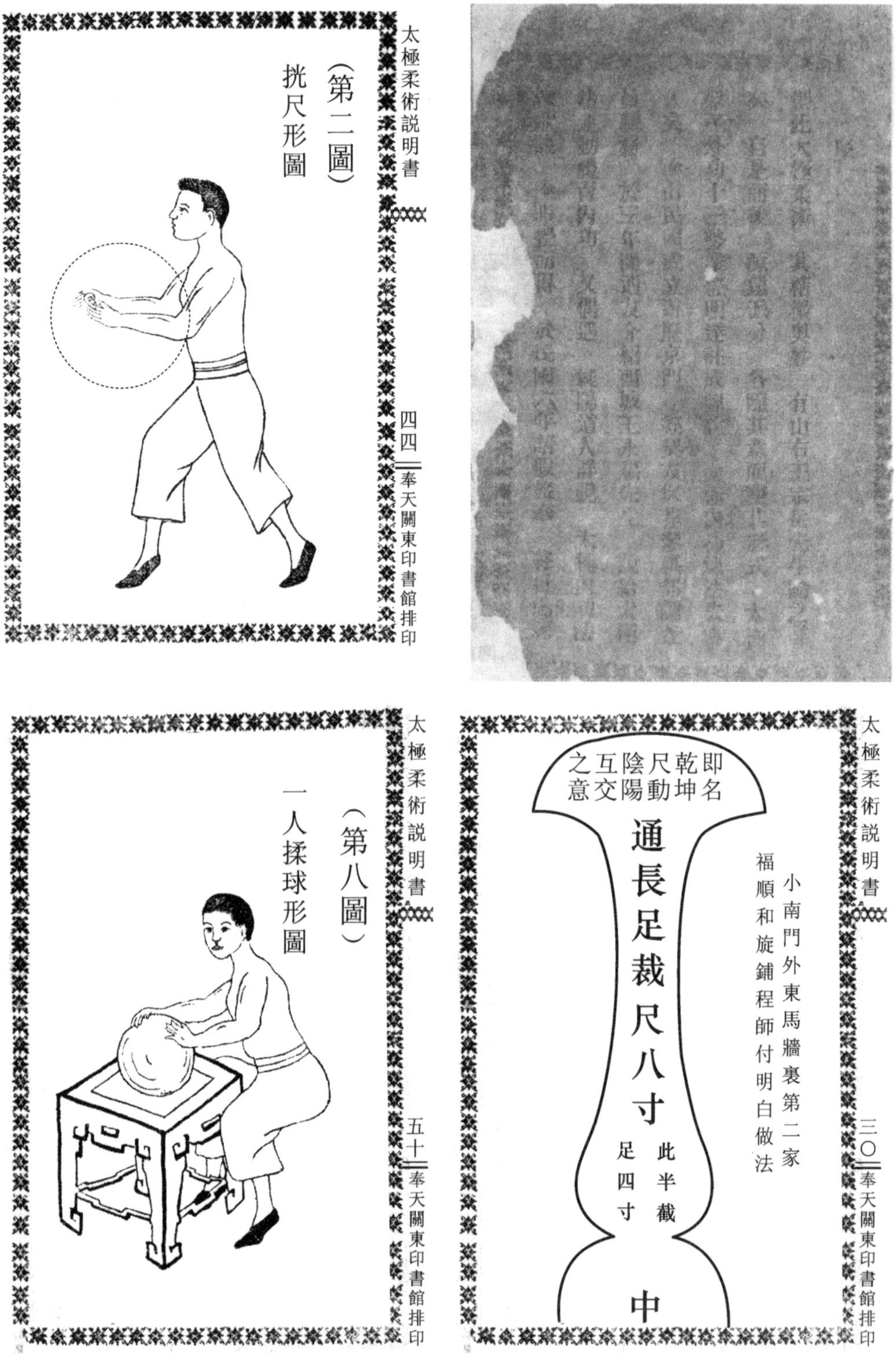

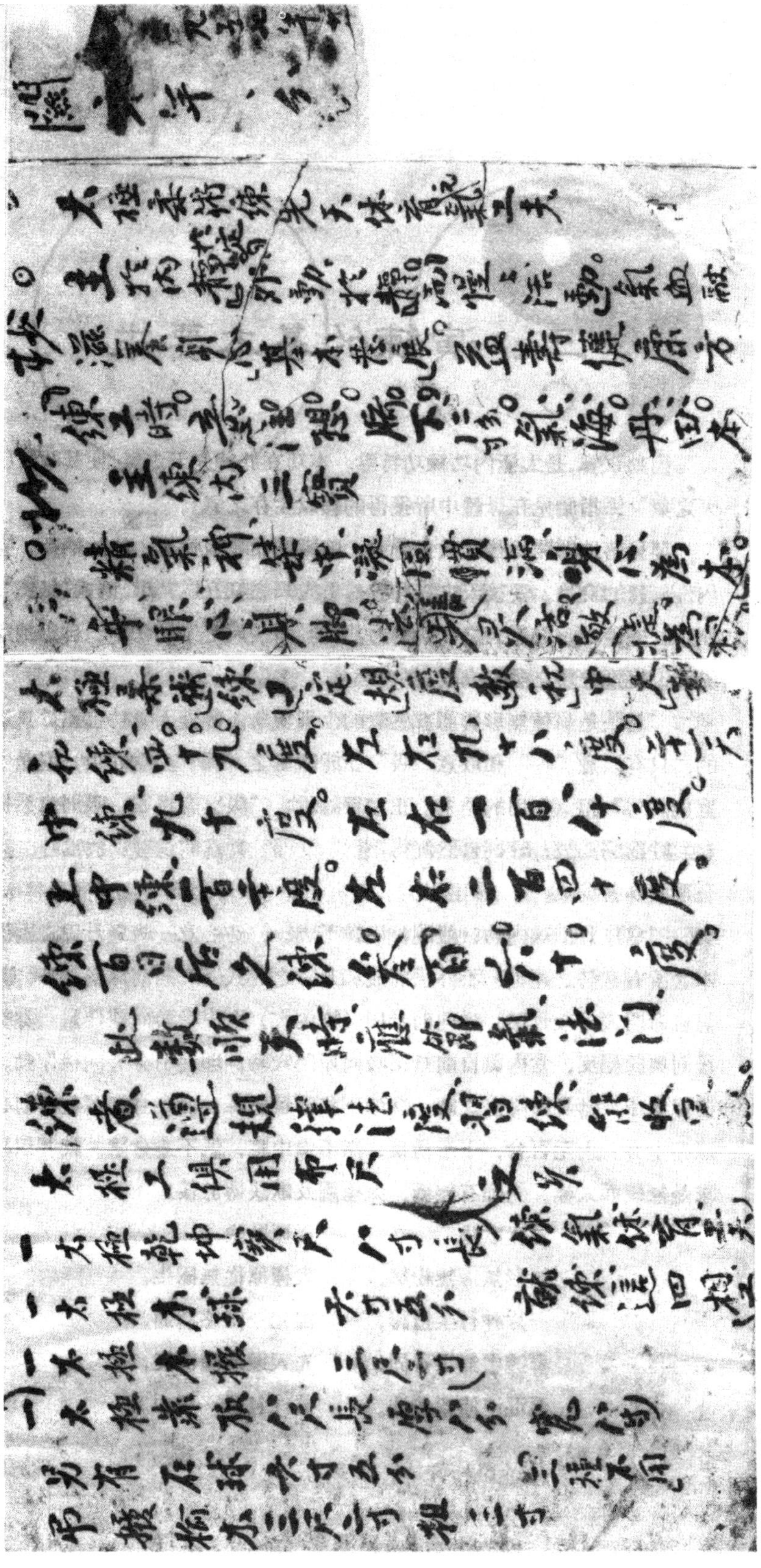

圖二 趙中道師交關永年收存的親筆文字

三、演練的基本要求

因動致静，是太極内功練功特點。本功在於練先天之氣，使其收斂（“先天之氣”係指胎兒在母體中所獲得的賴以生存之氣）。

嬰兒落地即開始後天飲食營養，肺臟開始呼吸换氣，吐故納新，完成内外氣體的交换。使後天之氣和養份與先天之氣互爲其根，構成“氣化”，作用於機體中。以先天之氣爲動力，推動着後天之氣的化生，自動補益於先天，促進身體之發育成長。

“氣”是一種無形質而有感覺的生理現象。練先天氣功也屬於無形質的，只有以意“呼”和以意“吸”始能體驗之（即：心意呼吸）。它是“心意與内功”相互作用的結果。正如拳論説：“吸爲合爲蓄，吸則自然提得起。呼爲開爲放，呼則自然沉得下。”（即：動爲開爲發爲放爲呼，静爲合爲收爲蓄爲吸。）

“拿住丹田練内功，離開丹田練不成”，乃心意呼吸與丹田之關係。本著所有身勢之運動，不外乎前後和升降之運式。在向前探進身時，其内氣自命門穴（後丹田）呼向前丹田（臍内穴）而促身勢向前作動。身勢向後則與此相反，當内氣自前丹田吸向命門穴時，即促引身勢向後作動。丹田似氣球，當身勢降坐之時，其球下移而致勢降，而在身勢升起時則必然球亦上升。上至百會，下至湧泉，高不逾中脘，低不逾會陰。就其演練要求是無極而太極。先師有無極、太極圖及歌訣傳於後：

無極歌訣	太極歌訣
無形無像無紛拏，	太極原從無極生，
一片神行至道誇，	混元一氣感斯通，
參透虚無根蒂固，	先天逆運隨機變，
混混沌沌樂無涯。	萬像包羅一理中。

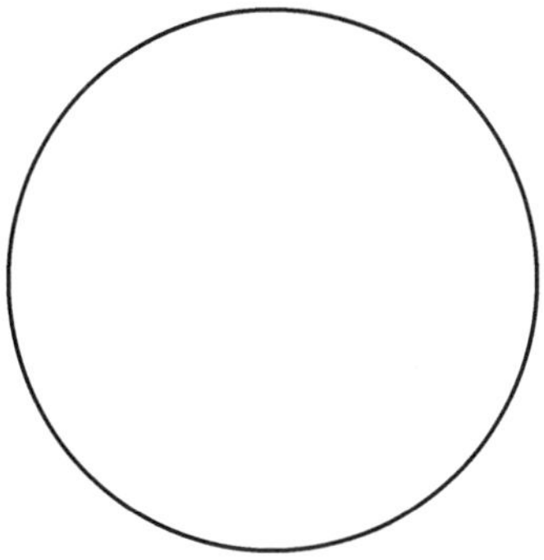

圖三　無極圖

圖四　太極圖

兩圖均爲“圓形”，即説行功走架無不含其圓活之趣，忌滯澀及凸凹，活似車輪，主宰於腰而自如。按機體氣血運行而言，則以意助氣，氣動血行，循環無間。動則陽，静則陰，動静無端，陰陽相依，陰降陽升，生化萬物，心爲火宜下，腎屬水宜升，心腎交融，陰陽合一，方得“太極”之理。

今練之，需在意：

以臍爲中心，上虚下實，降濁（陰）升清（陽），體内陰陽相合，心腎交融，水火相濟，其息自調。復以意氣之功爲動源而形成拳勢之運勁。其拳勢舒展嚴謹，明剛暗柔，柔中寓剛，快慢相兼，虚實分明，中正圓滿，靈活勁整，陰陽交變。它隨心意而開合運動，切勿强求身法，務以中正安舒爲準則。練拳式之初，首習棒、球功數月，而後轉行拳式套路，則如車入軌道而行，自然圓活。

棒·球篇

一、太極棒、球的製作

取料：楊柳木、榆木、棗木、花椒木等均可。

尺寸：太極棒之長度 25～35 厘米，直徑 5～7 厘米，中有球三。

太極球，取料同上，也可以以石制成，其直徑均爲 20 厘米。

製作：均由車工車制而成。

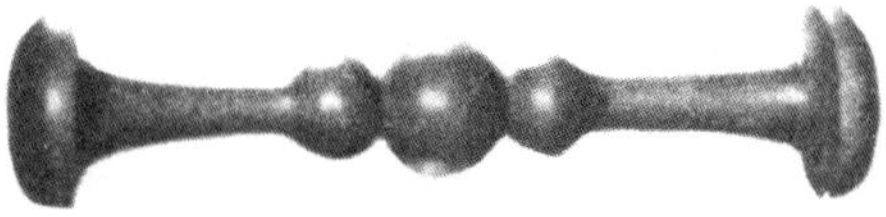

圖五　太極棒

圖六　太極球

二、太極棒功

（一）平站洞功

洞——意爲空洞。利用棒的重量求得機體“放鬆”（練時有感覺），乃是術之首功。通過此功法，可將後天之拙（濁）力拋掉。行者可體驗到：由滯動轉化爲“活似車輪”之動。如生銹之輪加油使其潤滑。

（1）姿勢：中正站立，兩足分開，稍寬於肩，屈膝鬆腰下勁，中脘微內收，氣息自下。

（2）方法：兩掌勞宮穴相對棒如夾扣，置於胸前（圖七）。向前下方斜行放勁，如拋放其物體，至兩胳膊近直時而微停其運動（圖八）。再返動，一股勁向上提至原圖七處。如此放、提而形成運動。唯上提速度比下放速度稍慢。

（3）速度：每分鐘 40～50 次。

（4）時間：每次 2～10 分鐘。

（5）停功：停功前，把運動的速度作適當降低以至停歇，其後散步徐行。

圖七　練習太極棒時置棒於胸前

圖八　練習太極棒時置棒於腹前，名“洞功”

(6)要訣：

洞功提棒下放勁，
其形與意如抛物。
提時掤勁用意貫，
忌用拙力把棒提。
上提兩膊一股勁，
放鬆兩膊棒自垂。

（二）平站抖功

抖——機體全然放鬆抖動，全身内外無一不動，特别是腹間有震動感。此功有如電療及按摩術之效能。

(1)姿勢同圖八“洞功”站法(圖九)。

(2)方法：兩掌相對扣捧同前“洞功”。置放臍前，約 20 厘米，向前下斜行(與身成 45°角)發鬆中的“抖彈”之内勁(初習者不易爲力，久之自現)，其動幅只在 3～6 厘米之間。

(3)速度：每分鐘抖動 60～100 次，視體之强弱而增減。

圖九　“洞功”站法

(4) 時間：每次一般 5～10 分鐘，不倦可達 15 分鐘。

(5)要訣：

抖動棒尺斂心神，
運行抖功在內勁。
洞功熟後加練抖，
勿使過勞量力行。
抖動可使周天通，
內氣虛者宜慎用。

(三) 平坐抖功

在身體條件或氣質較虛不便從事站練者，可以此取代之，其效如常(功效在於內靜，而不在於形)。

(1)姿勢：端坐正身，鬆腰背和腹部，含胸，鬆肩，沉肘；內氣自下，全身有下沉感；膝、胯關節屈曲稍大於 90°，分足與肩稍寬而平踏於地，扣棒於大腿之上，以靜待動(圖十)。

(2)方法：將棒水平提升離腿，距臍下腹部 12 厘米許，隨即按“平站抖功”之法練。

(3)速度：每分鐘抖動 60～100 次，視體之強弱而增減。

(4)時間：同“平站抖功”。還可動靜兼行，以延時練靜坐之功，或復操前之狀。

(5)要訣：同“平站抖功”。亦可先取平坐之式，而操練洞功後轉練此功。

圖十　平坐抖功

圖十一　弓箭定步站抖功

（四）弓箭定步站抖功

在分清“體”陰陽虛實之際，可做下肢雙重之式，但其勁應由內換，或以後還自下而蓄勁於上，節節貫串。

(1)姿勢：平站，任意伸前一足（左右可交替），使兩足相距 25 厘米左右，坐勁於後足呈三七步；端坐正身（圖十一）。

(2)方法：同“平坐抖功”或“平站抖功”之法。

(3)速度：每分鐘 60～100 次，視體之强弱而增減。

(4)時間：左右換步爲同一單位時間。

(5)要訣：同前。

（五）弓箭起落步轉功

在前弓箭定步站式之步型的基礎上操練下肢虛實交變之法，使身體前後移位（動），取“轉動”可培養太極之內勁，綿綿之動，上下前後相呼應。

(1)姿勢：前弓箭定步，兩足前後再放大至約距 55 厘米。

(2)方法：兩掌扣捧，自臍向前上劃弧 1/4 圈，同時以後足蹬勁而蓄作於全身，其棒隨之而出，重心偏於前（圖十二）。續之，轉棒至胸前勿停，其身同時後坐并由後足負重，前足尖自然提起，勢停意不斷，棒續向內下轉至臍前（圖十三）。

(3)要訣：在於柔化機體；疏導氣血；柔中含剛，動如車輪之勢，勢停意不斷。

圖十二　弓箭起落步轉功一

圖十三　弓箭起落步轉功二

（六）**太極開合功**

太極開合功，爲徒手之運動法。身勢與步型均同於弓箭起落步。上身隨足之起落而向前弓探和向後移坐。進即爲退，退即爲進，上下相隨，内外兼顧，開合有致，運掌不空，内外相合，陰陽至爲其根，落實交變，爲運行太極内勁方法之一。

(1)姿勢：依弓箭定步式做起點，身向前探，兩掌虎口相對，自腹部向前上方劃弧，高與肩平，重心於前而成踩勁，後脚帶蹬勁而不空（圖十四）；繼之，向後回坐，兩掌并於目前，隨向下回歸（圖十五）。

圖十四　太極開合功一

圖十五　太極開合功二

(2)方法：一合一開，身勢隨之起落而進而退，左右脚交替進行。

（七）**太極五弓樁**

太極五弓樁，是内外皆静的功法。這裏所説的五弓，即是指兩腿（兩張弓）、身（一張弓）、兩臂（兩張弓）這五張弓。

(1)姿勢：兩足平分與肩同寬，屈膝下坐如騎馬，含胸拔背，兩臂環抱，兩掌握空拳有如控物，全身蓄勁似彈簧，雙足立地如生根（圖十六）。

(2)方法：以上姿勢入静，且在静中以意念找其勁。

圖十六　太極五弓樁

（八）收功

練動靜氣功，均以中丹田爲主。當練至丹田有“滿”的感覺時，即可加練收功之法。

在練收功時，有自丹田散發於四肢之氣，止功時，可將其收斂於丹田。初習階段無氣感時，則可免做，但要通過定靜片刻——暗示於丹田中，久後自有益處。方法如下：

(1)收功時，暗示丹田之氣，按順時針方向，由小而大轉36圈；然後由大而小反轉24圈。

(2)女子操作與上轉向相反，但無論男女均須緩緩從事，圓轉自如，其後散步徐行。

三、太極球功

揉球功者，有單、雙木球及石球揉動之操練法。其特點猶如太極推手之功用。可擇單球與推手懂勁之功而并舉，久之妙境自得（圖十七）。

正面

圖十七　太極球功

（1）姿勢：同"太極開合式"之姿勢。

（2）方法：兩手展掌以指掌扶球頂或兩側；左脚在前，右脚在後，扶動太極球以逆時針方向轉動。左右脚前後換步後，球的轉向也隨之變反。

（3）要訣：

太極球轉心意隨，　　內勁運行促球轉；
沾連粘隨意如膝，　　周身上下緊相連；
圓轉自如似推手，　　閃戰騰挪貴在神；
揉之既久得妙境，　　益壽延年不老春。

圖十八　太極球功

注:依單木球之法,照操石球之功,其法相同,唯身勢要下些(圖十八)。

太極球的收式方法與太極棒收功方法相同。

四、注意事項

這裏所講到的注意事項，是練該功者必須注意，而且應該特別引起重視的問題。

了解了太極内功養生術的基本理論和方法後，我們知道該功講求意識、動作統一，“意由神運”“勁隨脈走”，練後對經絡、臟腑、内循環和神經系統有着明顯的影響，不遵循規律，同樣會像練氣功樣出現偏差。爲了能順利地練好該功，故特提出注意事項如下：

(1)練功地點不管是在室内還是室外，均應盡量選擇空氣比較新鮮、環境比較安静的地方，同時又要注意不要當風。

(2)練功時間，以每日早晨和夜晚各練一次爲宜，時間充裕，午睡後加練一次更佳。這裏特別强調的是要持之以恒，每日堅持。

(3)練功前要做好準備工作：寬衣解帶，以利氣機通暢運行；功前幾分鐘停止緊張的體力和腦力活動，穩定情緒。宜飲適量的開水，以暖其身，稀釋血液。

(4)注意邊修邊積氣，以積氣爲主。但呼吸又要任其自然。不主張做後天調息功，久之息自調。

(5)“意守丹田”要順其自然，似有意，似無意。意重則着像，無意則落空。

(6)過飢過飽勿練功，飯後 15 分鐘即可練功。

(7)患急病時，閃電雷鳴時勿行功，心有要事待辦勿行功。

(8)練功期間，禁房事一百日。

(9)練功稍久，會出現一些異常反應，如全身或局部發熱，微癢似蟲爬，四肢力增。這些是“静極生動”的表現，是一種正常現象。遇此景勿驚慮，無遇者勿追求，定心行動。

拳 式 篇

一、太極内功養生拳譜

1. 無極式
2. 太極式
3. 起掤
4. 落按
5. 轉腰採
6. 童子握拳挒
7. 展掌攦
8. 護心式
9. 推窗望月
10. 斜合掌
11. 斜展掌
12. 劈山式
13. 劈山後坐
14. 童子抱瓶
15. 擠手①
16. 擠手②
17. 懶扎衣①
18. 懶扎衣②
19. 懶扎衣③
20. 懶扎衣④
21. 十字手
22. 開手
23. 合手
24. 横合掌
25. 單鞭
26. 提手上式①
27. 提手上式②
28. 白鶴亮翅①
29. 白鶴亮翅②
30. 開手
31. 合手
32. 左展掌
33. 右展掌
34. 左摟膝拗步①
35. 左摟膝拗步②
36. 獅子滚球①
37. 獅子滚球②
38. 獅子滚球③
39. 進步搬攔捶①
40. 進步搬攔捶②
41. 如封似閉
42. 抱虎歸山
43. 右伏虎
44. 十字手
45. 開手
46. 合手
47. 右展掌
48. 右摟膝拗步①

49. 右摟膝拗步②
50. 手揮琵琶
51. 擠手①
52. 擠手②
53. 懶扎衣①
54. 懶扎衣②
55. 懶扎衣③
56. 懶扎衣④
57. 十字手
58. 開手
59. 合手
60. 橫合手
61. 單鞭
62. 握右拳左擊
63. 退步靠劈掌
64. 換式
65. 右式倒攆猴①
66. 右式倒攆猴②
67. 左式倒攆猴①
68. 左式倒攆猴②
69. 提手抱
70. 白鶴亮翅
71. 開手
72. 合手
73. 左展掌
74. 右展掌
75. 左摟膝拗步①
76. 左摟膝拗步②
77. 獅子滾球
78. 弓探式
79. 右手展翅
80. 海底針
81. 三通背
82. 翻身三通背
83. 猛虎坐洞
84. 進跟步十字拳
85. 金鷄獨立
86. 雙合掌推進
87. 望眉展甲
88. 十字手
89. 開手
90. 合手
91. 橫合掌
92. 單鞭
93. 雲手①
94. 雲手②
95. 雲手③
96. 右掩肘
97. 左掩肘
98. 側身十字手
99. 右蹬脚
100. 左蹬脚
101. 偏左轉身
102. 側身左蹬脚
103. 左顧
104. 右盼
105. 栽捶
106. 翻身撇身捶

107. 撤步高探馬
108. 扭步撮掌
109. 懷中抱月
110. 單起脚
111. 退步靠踏掌
112. 退步抹掌
113. 披身伏虎①
114. 披身伏虎②
115. 左開飛蹬脚
116. 右轉身①
117. 右轉身②
118. 右開飛蹬脚
119. 拗步右顧
120. 進步搬攔捶①
121. 進步搬攔捶②
122. 如封似閉
123. 抱虎歸山
124. 右伏虎
125. 十字手
126. 開手
127. 合手
128. 右展掌
129. 右摟膝拗步①
130. 右摟膝拗步②
131. 手揮琵琶
132. 擠手①
133. 擠手②
134. 懶扎衣①
135. 懶扎衣②
136. 懶扎衣③
137. 懶扎衣④
138. 斜位開手
139. 斜位合手
140. 斜位十字手
141. 斜單鞭
142. 退步左劈掌
143. 退步右劈掌
144. 右後轉身
145. 野馬分鬃
146. 轉身童子抱瓶
147. 右拗步採挒
148. 懶龍右卧道
149. 左拗步採挒
150. 懶龍左卧道
151. 懶龍鑽天
152. 左玉女穿梭
153. 玉女轉身
154. 右玉女穿梭
155. 横裹穿掌
156. 左玉女穿梭
157. 玉女轉身
158. 右玉女穿梭
159. 退步掩襠捶
160. 横向翻肘
161. 雲手①
162. 雲手②
163. 雲手③
164. 雲手下式

165. 左金鷄獨立
166. 右金鷄獨立
167. 换式
168. 右式倒攆猴①
169. 右式倒攆猴②
170. 左式倒攆猴①
171. 左式倒攆猴②
172. 提手抱
173. 白鶴亮翅
174. 開手
175. 合手
176. 左展掌
177. 右展掌
178. 左摟膝拗步①
179. 左摟膝拗步②
180. 獅子滚球
181. 弓探式
182. 右手展翅
183. 海底針
184. 三通背
185. 翻身三通背
186. 猛虎坐洞
187. 進跟步十字拳
188. 金鷄獨立
189. 雙合掌推進
190. 望眉展甲
191. 十字手
192. 開手
193. 合手
194. 横合掌
195. 單鞭
196. 雲手①
197. 雲手②
198. 雲手③
199. 右掩肘
200. 扣掌抖彈
201. 向右擂左掌
202. 扣步抱球
203. 右轉身扣合掌
204. 十字擺蓮腿
205. 十字落腿
206. 進步指襠捶
207. 躍身抖彈捶
208. 白蛇吐信①
209. 白蛇吐信②
210. 白蛇吐信③
211. 虎坐洞
212. 虎出洞
213. 擠手①
214. 擠手②
215. 懶扎衣①
216. 懶扎衣②
217. 懶扎衣③
218. 懶扎衣④
219. 十字手
220. 開手
221. 合手
222. 横合掌

223. 單鞭
224. 雲手①
225. 雲手②
226. 雲手③
227. 掌下藏右捶
228. 馬蹄進右捶
229. 掌下藏左捶
230. 馬蹄進左捶
231. 掛中拳①
232. 掛中拳②
233. 下勢攦按
234. 斜飛勢
235. 扣提雙掌
236. 下勢撩握拳
237. 下勢獨立撩
238. 上步七星
239. 下步跨虎
240. 右轉角擺蓮①
241. 右轉角擺蓮②
242. 轉角擺蓮落步
243. 雙風貫耳
244. 彎弓射虎
245. 雙撞捶
246. 回身
247. 陰陽混一
248. 無極還原

二、太極内功養生拳路綫圖

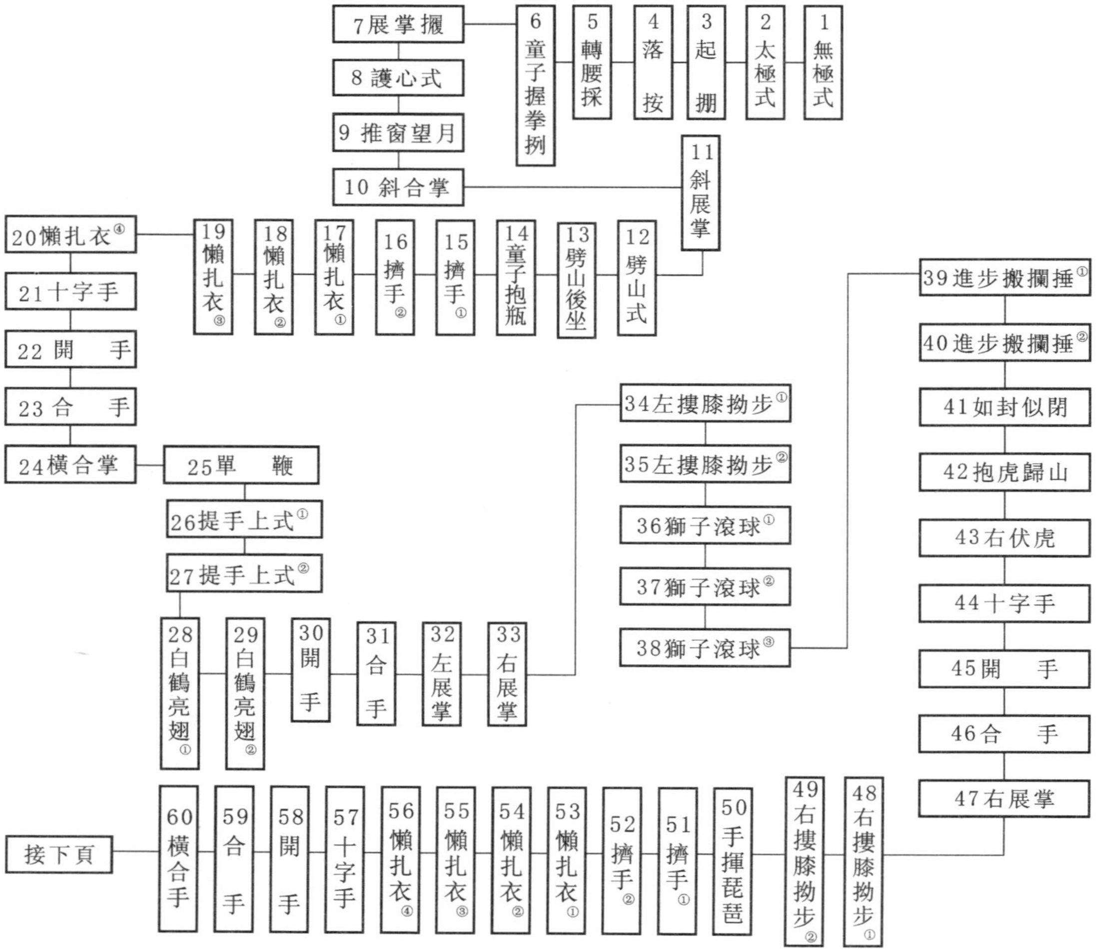

說 明

1. 本圖大致標出了整套拳式所進行的路綫和方向。
2. 拳式從右到左（從左到右）都是在一條路綫上來回進行的。
3. 方框相毗鄰者，表示相鄰拳式位置未動，或基本不動。
4. “︵”等圓弧表示兩拳式間過渡時需轉體，“—”等直綫段表示從上一拳式到下一拳式間需上步，綫段長短不表示步幅大小。
5. 方位規定：上北下南、左西右東。

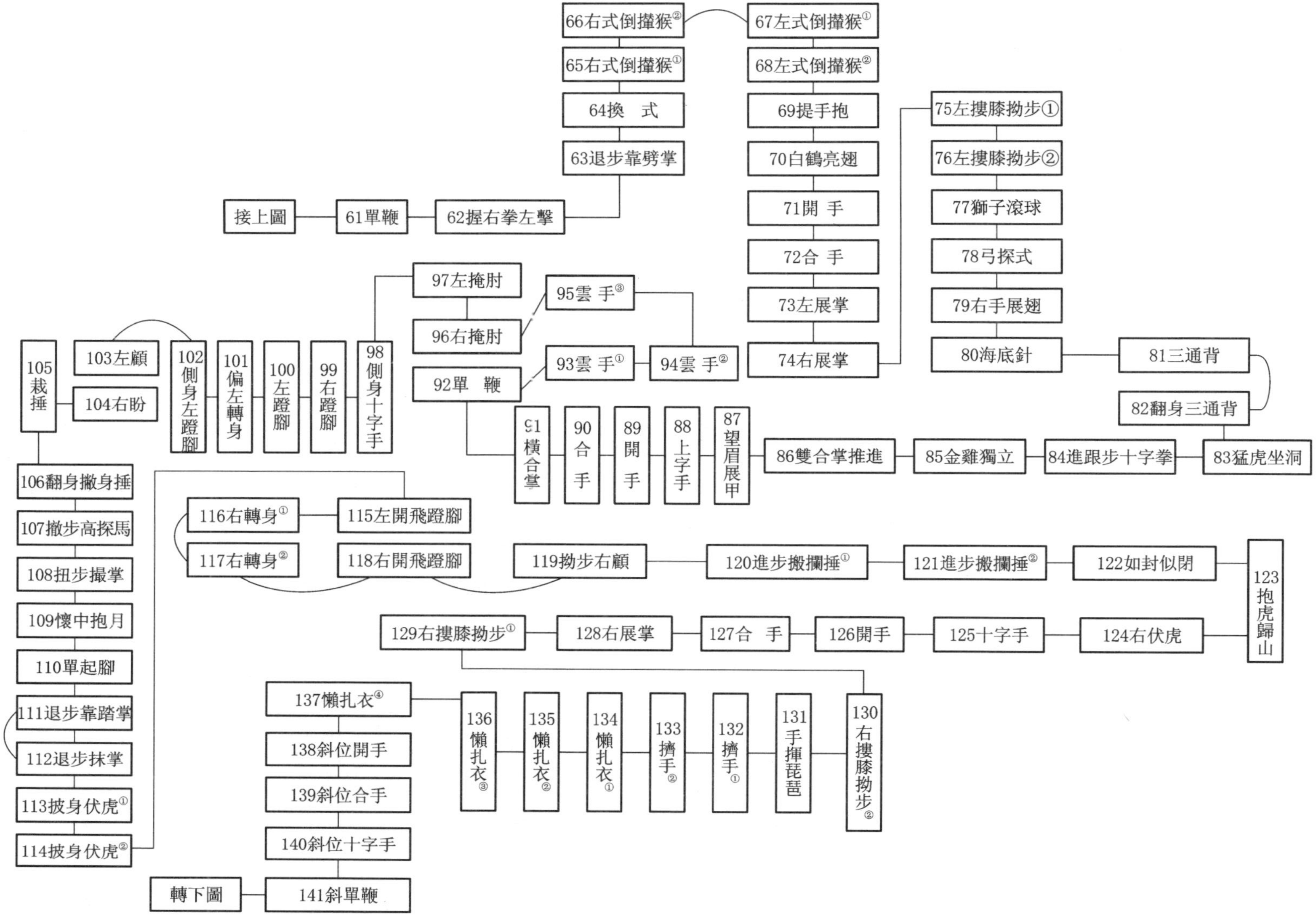
接上圖
61單鞭
62握右拳左擊
63退步靠劈掌
64換 式
65右式倒攆猴①
66右式倒攆猴②
67左式倒攆猴①
68左式倒攆猴②
69提手抱
70白鶴亮翅
71開 手
72合 手
73左展掌
74右展掌
75左摟膝拗步①
76左摟膝拗步②
77獅子滾球
78弓探式
79右手展翅
80海底針
81三通背
82翻身三通背
83猛虎坐洞
84進跟步十字拳
85金雞獨立
86雙合掌推進
87望眉展甲
88上字手
89開 手
90合 手
91橫合掌
92單 鞭
93雲 手①
94雲 手②
95雲 手③
96右掩肘
97左掩肘
98側身十字手
99右蹬腳
100左蹬腳
101偏左轉身
102側身左蹬腳
103左顧
104右盼
105栽捶
106翻身撇身捶
107撤步高探馬
108扭步撮掌
109懷中抱月
110單起腳
111退步靠踏掌
112退步抹掌
113披身伏虎①
114披身伏虎②
115左開飛蹬腳
116右轉身①
117右轉身②
118右開飛蹬腳
119拗步右顧
120進步搬攔捶①
121進步搬攔捶②
122如封似閉
123抱虎歸山
124右伏虎
125十字手
126開手
127合 手
128右展掌
129右摟膝拗步①
130右摟膝拗步②
131手揮琵琶
132擠手①
133擠手②
134懶扎衣①
135懶扎衣②
136懶扎衣③
137懶扎衣④
138斜位開手
139斜位合手
140斜位十字手
141斜單鞭
轉下圖

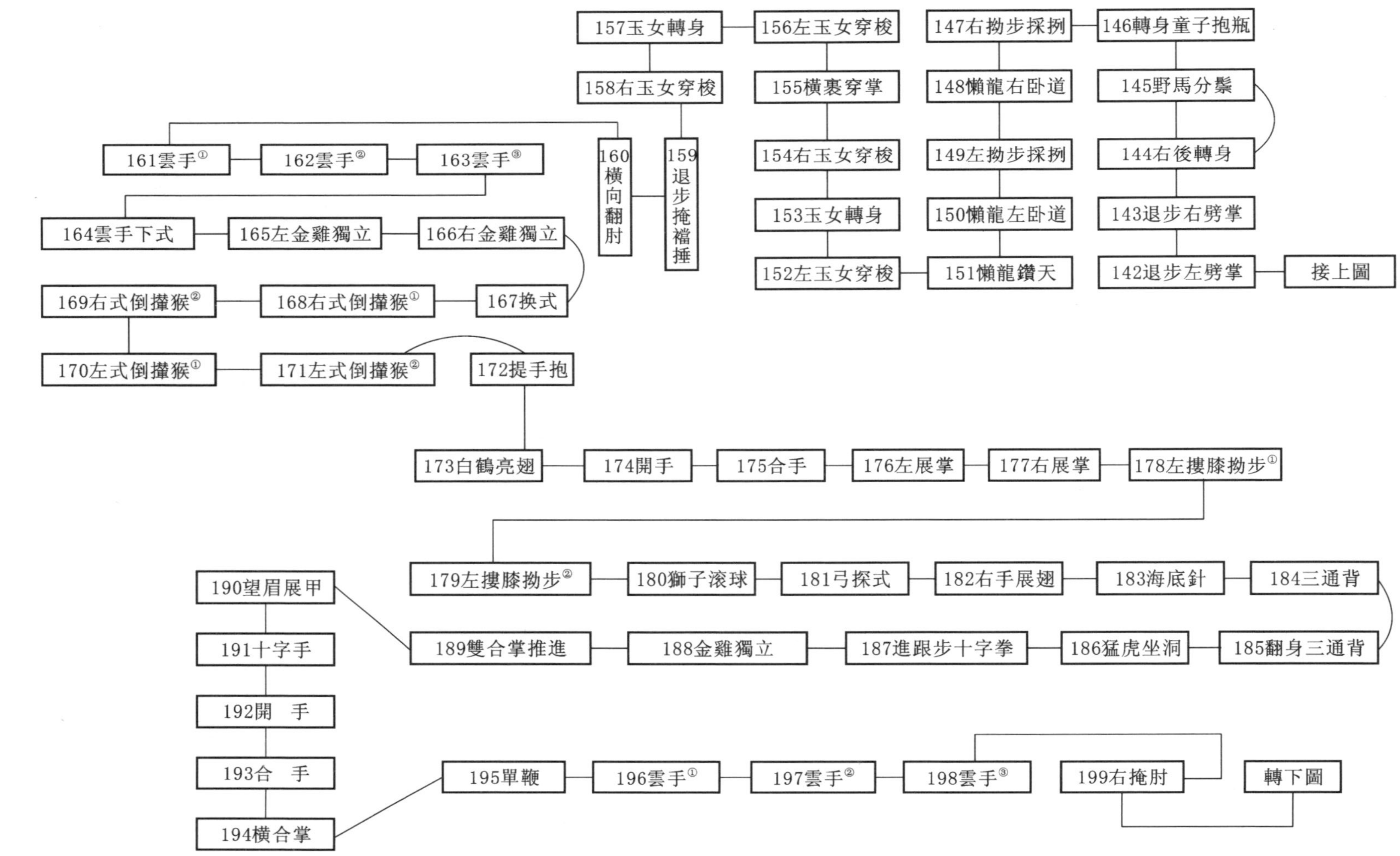
接上圖
142退步左劈掌
143退步右劈掌
144右後轉身
145野馬分鬃
146轉身童子抱瓶
147右拗步採挒
148懶龍右卧道
149左拗步採挒
150懶龍左卧道
151懶龍鑽天
152左玉女穿梭
153玉女轉身
154右玉女穿梭
155橫裹穿掌
156左玉女穿梭
157玉女轉身
158右玉女穿梭
159退步掩襠捶
160橫向翻肘
161雲手①
162雲手②
163雲手③
164雲手下式
165左金雞獨立
166右金雞獨立
167換式
168右式倒攆猴①
169右式倒攆猴②
170左式倒攆猴①
171左式倒攆猴②
172提手抱
173白鶴亮翅
174開手
175合手
176左展掌
177右展掌
178左摟膝拗步①
179左摟膝拗步②
180獅子滾球
181弓探式
182右手展翅
183海底針
184三通背
185翻身三通背
186猛虎坐洞
187進跟步十字拳
188金雞獨立
189雙合掌推進
190望眉展甲
191十字手
192開 手
193合 手
194橫合掌
195單鞭
196雲手①
197雲手②
198雲手③
199右掩肘
轉下圖

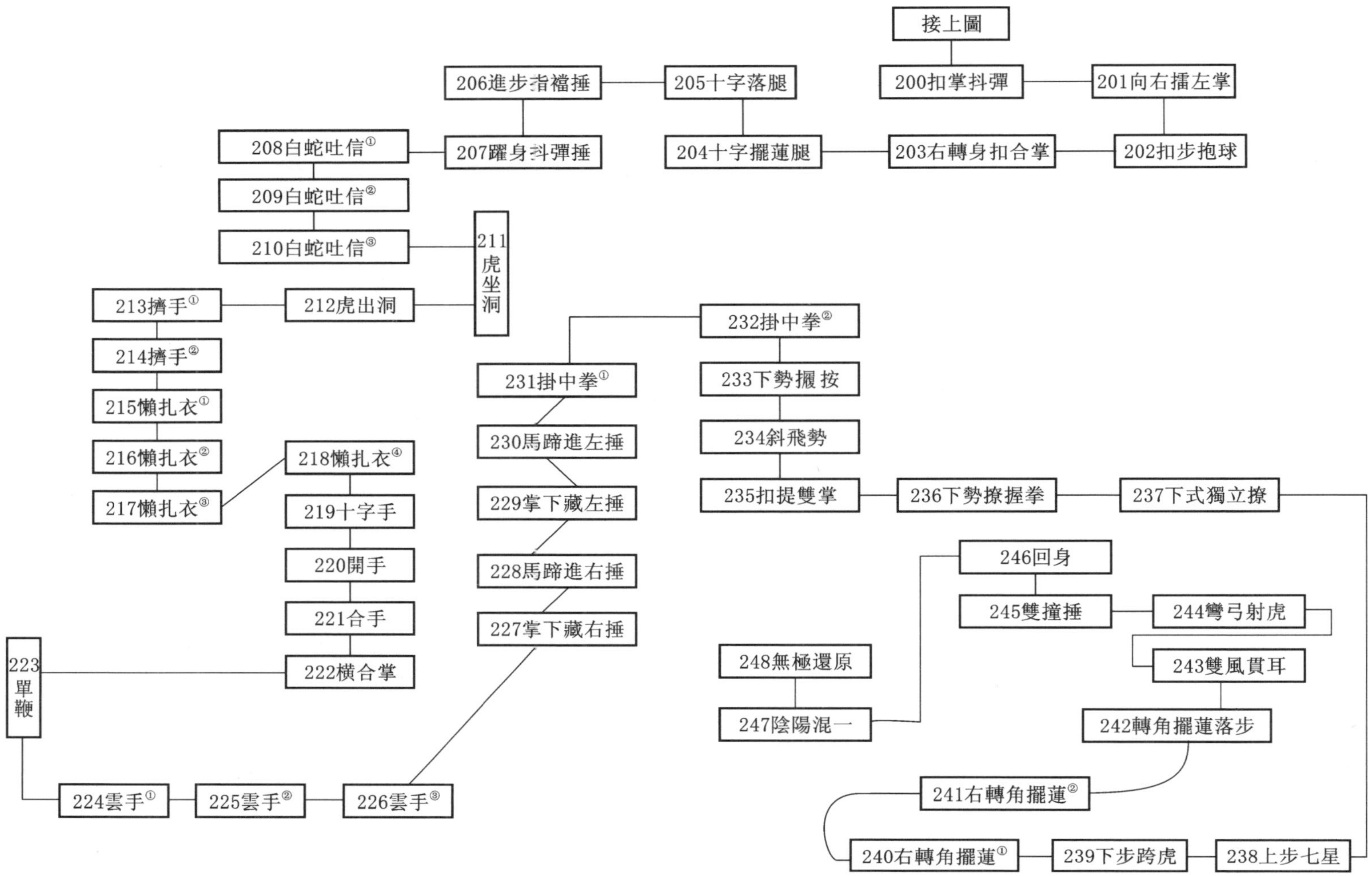
接上圖
200扣掌抖彈
201向右擂左掌
202扣步抱球
203右轉身扣合掌
204十字擺蓮腿
205十字落腿
206進步指襠捶
207躍身抖彈捶
208白蛇吐信①
209白蛇吐信②
210白蛇吐信③
211虎坐洞
212虎出洞
213擠手①
214擠手②
215懶扎衣①
216懶扎衣②
217懶扎衣③
218懶扎衣④
219十字手
220開手
221合手
222橫合掌
223單鞭
224雲手①
225雲手②
226雲手③
227掌下藏右捶
228馬蹄進右捶
229掌下藏左捶
230馬蹄進左捶
231掛中拳①
232掛中拳②
233下勢擺按
234斜飛勢
235扣提雙掌
236下勢撩握拳
237下式獨立撩
238上步七星
239下步跨虎
240右轉角擺蓮①
241右轉角擺蓮②
242轉角擺蓮落步
243雙風貫耳
244彎弓射虎
245雙撞捶
246回身
247陰陽混一
248無極還原

三、太極内功養生拳動作圖解

爲了方便讀者查對拳式方向,把圖照中姿勢的方向假定爲:面向讀者等於向南,背向讀者等於向北,面向讀者右面等於向東,面向讀者的左面等於向西(圖二十三)。

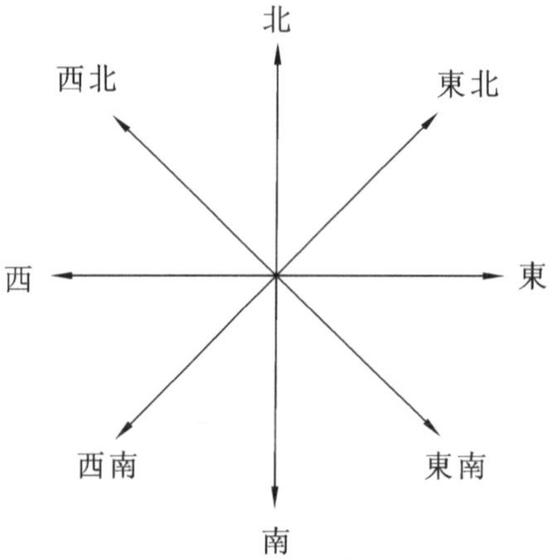

圖二十三　太極内功養生拳動作方向

當讀者練習純熟後可依場地形狀任選方向,不一定把無極式從面南站立開始。

1. 無極式

面向南方，自然站立；兩足平行，足尖向前，足距一拳。目向前平視(圖 1)。

要點：兩臂微鬆、下垂，頦微內含，頭正，頂懸，凝神靜氣。

2. 太極式

重心移於右脚，左脚向左緩緩橫展，稍寬於肩；鬆腰胯，膝微屈，氣沉丹田。仍平視前方(圖 2)。

要點：頭頸正直，下頦微向後收，勿挺胸和收腹。

3. 起掤

續以“太極丹田功”爲運動之基，以意領氣下行於兩足涌泉穴至極返上，經中丹田傳兩臂自下向前上弧形慢慢舉起，與肩同寬同高。目視正南(圖 3)。

要點：兩肩下沉，兩肘鬆垂，十指微屈坐腕，雙掌背如承物狀。

4. 落按

上體正直，屈膝坐胯，兩腿慢慢下蹲，兩臂下落自然帶動兩掌向下按至腹前，兩掌虎口相距同肩寬。目向前平視(圖 4)。

要點：屈膝鬆腰，臀部不可凸出，身體重心在兩腿中間。兩臂下落和身體下蹲動作一致。

圖1

圖2

圖3

圖4

5. 轉腰採

以腰爲樞紐，帶動上體向右轉；同時兩臂向右方劃弧，兩掌向右前方採出。目視西南（圖5）。

要點：整個動作以得力適度爲準，不宜過之。

6. 童子握拳挒

上體由右向左轉，重心落移右腿，左腳向右腳靠攏，左腳尖着地；同時右手由掌變拳，自下向左上翻裹斜置前上方，屈肘，前臂內側含挒裹之勁；左掌心朝下，掌指朝前，隨身動之際，護於胸下左側。目視右拳（圖6）。

要點：整個動作以腰爲主宰。兩臂繞行，須圓活自然。

7. 展掌攦

上體稍向右轉，右腳向後退一步并向後移坐重心，左腳尖自然翹起；右拳變掌由裏向向外旋，左掌上提，雙掌同時向右後方攦。目視東南（圖7）。

要點：上體不可前傾，臀部不可凸出。兩臂由左向右攦須隨腰旋轉，走弧綫。右腳全腳掌着地。

8. 護心式

上體不動，左足後撤，左足尖着地，呈左丁步，兩足成45°角；兩掌下降護於胸前，左掌高右掌低。目視左前方（圖8）。

要點：兩掌心朝下，虛扣於心窩處，含護心及預動之意。

9. 推窗望月

左脚向前邁出成左弓步，右脚蹬直，全脚掌着地；同時左掌上翻架於左眉上方，右掌自下向上向前方成立掌坐腕推出，雙掌心向前。

圖5

圖6

圖7

圖8

目視右掌食指(圖 9)。

要點：兩臂向前推時，上體要正直，鬆腰，鬆胯，弓左腿徐徐向前推出；沉肩墜肘，兩手須走曲綫。

10. 斜合掌

重心由前向後，上體保持正直，右腿屈膝半蹲，左脚尖自然翹起，以左足根爲軸，身體由左向右轉；同時雙掌腕部相搭，左上右下，左掌背朝上，右掌坐腕呈立掌。目視右掌指(圖 10)。

要點：屈右膝，扣左足尖要靈活穩健。兩臂相搭，須圓活自然。

11. 斜展掌

身體繼續向右轉，右脚尖斜對右前方，左脚扣脚落地；同時右手劃平弧向右前方坐腕伸出，高與胸齊；左手經胸前扣向臍間呈按拉勁。目視右掌食指(圖 11)。

要點：上體正直，不俯不仰。兩肩向下鬆垂；右臂肘部下垂，不可伸直，食指向上挑，拇指盡力向外撑開，虎口呈半圓形，手心向裏扣；左前臂靠腹左側，五指撑開、塌腕。胸略内含，腹部自然沉氣。兩胯略後縮，兩膝微裏扣，前膝不超過踝關節。臀部與後脚跟上下相對，不超過兩脚。脚趾扣地，重心偏右腿，左腿承少部體重。呼吸自然，力求身穩。

12. 劈山式

上體不動，右脚後撤，蓄勁待發，左脚不動；兩掌順勢而動，右掌下降由外向裏翻轉，掌心斜朝上；左掌順勢護於右小臂上。目視右掌(圖 12)。

要點：右手向左下斜劈時，身體要平穩。

圖9

圖10

圖11

圖12

13. **劈山後坐**

重心後坐，右腿屈膝半蹲，左脚尖着地；同時，左掌經右臂上向前方劈出，似劈掛掌之勁，右掌向後抽勁放於腹前。目視前下方（圖13）。

要點：右掌扶勁，右掌似劈掛掌回抽，而身勢有後撤靠擊之意，三勁要貫串一氣，協調。

14. **童子抱瓶**

左脚向前橫墊半步，脚尖外展，右腿微後蹬，兩大腿如剪子股；同時右掌由下向上翻轉向前推出，左掌由上向後撤放於腹前，掌心向上，兩掌如抱瓶狀。目視前下方（圖14）。

要點：兩腿交叉坐盤，後腿膝部與前腿膝窩抵緊。頂頭，沉肩，塌腰。

15. **擠手①**

上體不動，重心後移，右腿向前邁步，脚跟着地，左腿屈膝坐胯；右手向前向下劃弧屈肘向上翻轉，掌心朝上，垂肘，左掌由下向上向內翻附於右腕裏側。目視兩掌（圖15）。

16. **擠手②**

身體重心由後向前，右腿屈膝前弓，左腿向後蹬直成右弓步；雙手同時向前上方慢慢擠出，兩前臂要保持半圓狀。目視兩掌（圖16）。

要點：擠手①、②重點是向前擠出時，上體正直，并與鬆腰、弓腿一致。

17. **懶扎衣①**

上動不停，重心後移，右腿脚跟着地，右脚尖自然翹起，左腿屈膝坐胯；兩掌同時向外

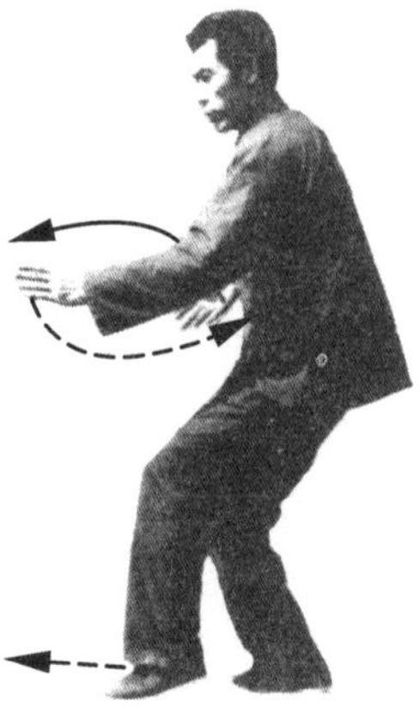

圖13

圖14

圖15

圖16

分開，屈肘回收於兩肋側，右掌在前，掌心朝上，左掌在後，掌心朝上，高於右掌，含胸拔背，兩掌相合如抱物狀；全身含預動之彈勁，以待其變。目視右掌（圖 17）。

要點：兩掌要隨胯後坐回收，鬆肩，兩肘不外凸。

18. **懶扎衣②**

重心繼續向後移於左腿，右腿伸直，腳尖向上盡量翹起；同時兩手屈臂回收，左手搭於右腕內側，互待其力，勢含“張弓”意。目視右手食指（圖 18）。

要點：鬆腰坐胯，意在蓄而後發。

19. **懶扎衣③**

右腿屈膝前弓，身體重心慢慢前移，左腿自然伸直呈右弓步；上體正直，鬆腰，坐胯；同時右掌心由上從下向前轉爲立掌，左掌心由下向前轉爲立掌，兩手向上，向前沿弧綫按出，與肩同寬，兩手心均向前，按到頂點時坐腕、展掌，提頂領勁出掌。目視前方（圖 19）。

要點：上體正直，鬆腰，鬆胯。

20. **懶扎衣④**

上體不動，右足生根似“泰山”，左足收至右脚內側，足尖點地，含探聽之勁；形曲而勁直，譜曰“曲中求直”；兩掌形不變，屈肘，坐腕，前按。目視右掌（圖 20）。

要點：上體正直，鬆腰，坐胯。整個姿勢稍停而意不停。

圖17

圖18

圖19

圖20

21. 十字手

左足根落地身微後移，以右脚跟爲軸内扣，身體隨之左轉至朝南；身體重心移穩在右腿，左脚根自然離地；同時右掌隨身體左轉至胸前與左掌根相搭，雙掌指斜立，右掌在外，左掌在裏；兩臂撑圓，腕高稍低於肩。目視正南（圖 21）。

要點：兩手合抱，上體不前俯。兩臂環抱時要圓滿舒適，腰膝稍鬆，沉肩墜肘。

22. 開手

上體不動，兩臂稍下降，同時兩手心相對，往左右分開，開至兩掌與肩寬，兩手掌指向上，五指張開。目視前下方（圖 22）。

要點：雙掌根含下按勁，掌中又似含抱球之意，似拉控狀，在開動時，腹有向後吸貼之意。

23. 合手

上體不動，腰有向前呼氣之意，促兩手心相對慢慢往裏合，其勁有如壓擠氣球狀。目視兩手當中（圖 23）。

要點：鬆腰胯，内意有下沉勁，頭有頂撥勁。

24. 橫合掌

兩臂環抱，兩掌相搭，掌心斜向外，掌指朝左右。目視正前方（圖 24）。

要點：提頂吊襠，上下對撥。

25. 單鞭

上體直立，兩肩鬆開，呼吸自然；上體微

圖21

圖22

圖23

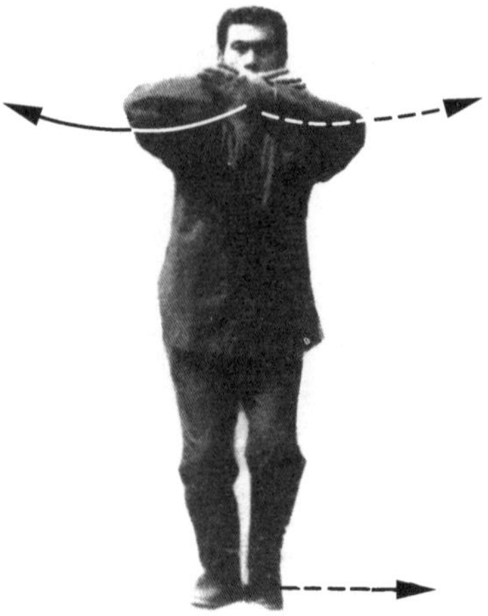

圖24

向左轉,隨之左脚向左橫邁一大步,足尖稍左斜負重;兩手腕往外轉,如捋長竿一樣,往左右分開兩臂成平舉狀態,兩手心朝外,與眼同高,其勁似張弓。視綫隨右手移動,最後目視右手虎口(圖 25)。

要點:上身正直,鬆腰,右肋稍下垂,左肘與左膝上下相對,而肩下沉。

26. 提手上式①

身體重心移於左腿,塌腰鬆胯,隨之右足靠攏左腿,足尖着地,與左足尖齊,兩足跟相距一拳,兩膝微屈;同時左手向面前劃弧,停於左額前,手心向外,右手與左手同時向下劃弧,停於右大腿內側,掌心朝外;兩掌心相呼應,有如操球體狀。目視前下方(圖 26)。

要點:上體正直,臀部不外凸,胸肌放鬆。

27. 提手上式②

重心移於右腿;右掌經左肘下穿勁而上,兩小臂上下相合,左掌在上,掌心向下,右掌在下,掌心向上。目視前方(圖 27)。

要點:習此式,要頂勁上提,腰腿隨之上下,以練習脊骨伸縮力。

28. 白鶴亮翅①

上動不停,右掌向前外翻轉,左掌向左不作動;同時右足向前邁步,足跟着地,兩足距離以不牽動身體重心爲合適。目視前下方(圖 28)。

要點:胸不挺。兩掌心均朝前含放遠之按發勁。

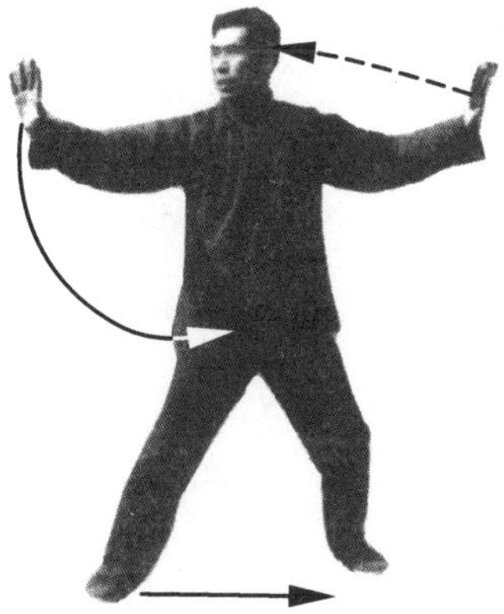

圖25

圖26

圖27

圖28

29. **白鶴亮翅②**

兩掌相合,屈肘向前推按而出成立掌;右足尖在兩手前推時着地,身體重心移在右腿上,左足跟在右足尖落地時,也同時提起,向前跟步,跟至右脚跟後邊,足尖着地。目視兩掌中間(圖 29)。

要點:塌腰鬆胯,右足拇指領勁向前邁步進身,步距大小以不吃力爲度。

30. **開手**

同第 22 式(圖 30)。

31. **合手**

同第 23 式(圖 31)。

32. **左展掌**

雙掌心相對如托抱狀;左掌外翻伸向左上,右掌心朝下扣於左胸際,面對前方。目視左掌指(圖 32)。

要點:意欲向左必先顧及右(又:在内而不在外),兩掌心相對如捋物狀。

33. **右展掌**

上體不動,重心在兩腿間;左掌心由左上向裏旋扣於臍上,右掌由裏外旋伸向右上,兩掌心相對如捋物狀。面對前方,目視右掌指(圖 33)。

要點:同上式。

圖29

圖30

圖31

圖32

34. 左摟膝拗步①

右足跟離地，以右足尖爲軸向右後前扭與前左足成 45°角，右脚掌全部着地，左足尖着地，身體重心在右腿；左掌向左前下含預動之勢，置於心下，右掌向前下作動，指尖斜對胸間。目視正東（圖 34）。

要點：兩手必隨腰轉而動作。整個摟膝拗步動作要協調，圓滿，柔和。當右掌向前下作動而使右肩鬆沉時，不能右肩低左肩高。

35. 左摟膝拗步②

上體不變，左手往左下摟一弧綫，落至左胯旁；左足往左邊斜邁一步，右手心同時翻轉向上坐腕變立掌向左邊平推出，右足於右手向左平推時，同時向前跟步，足尖着地，重心轉移在左腿。目視右手食指（圖 35）。

要點：摟膝的一臂呈弧形，推出之右掌，要微旋轉而推出。兩掌均要坐腕。

36. 獅子滾球①

上體不動，速向後撤右步，左足隨之後撤，足尖點地，兩足相距約 20 厘米，身體重心移在右腿；同時左掌翻轉螺旋向前上穿伸，右掌向後拉抹勁。目視左掌指（圖 36）。

要點：兩掌心似欲碎物撮滾之，又如雲層放電之運動。

圖33

圖34

圖35

圖36

37. **獅子滚球②**

上動不停，左脚向前横墊，後右足跟稍離地，重心移在左腿；同時右掌翻伸，掌心朝上，左掌向後翻扣，掌心朝下斜扣膻中穴上，形如剪子般。目視右掌心(圖 37)。

要點：右掌心似托物，襠間呈合勁。

38. **獅子滚球③**

右脚向前跨邁横墊，身體重心移在右腿；同時兩手互爲翻轉(方法同上)。目視左掌心(圖 38)。

要點：兩掌互爲翻轉，如球滚於兩掌間，内氣如珠滚而連動。

39. **進步搬攔捶**

左掌變拳自前向下劃弧回收，并由臍之左側再向前方圓轉扣勁而出，拳背朝上，小指根含頂勁，腕根爲扣控勁；而右掌變拳，拳背朝上右拳含按拉勁；同時左足直着往前邁步，右足蹬蓄，重心在兩腿間。目視左拳(圖 39)。

要點：進左足時，要求“邁步如猫行”，上身要正直，步法和手法要隨腰轉動，整體含預動待發勢。

40. **進步搬攔捶②**

接前式不停，右拳自下向前，經左拳背上弧形發出，右足於右手打出時跟步，離左足跟半步，與前拳合勁落地“振跺”，右足發聲時明剛暗柔，而所發之拳拌抖彈勁；左拳下扣沿弧綫回收至胸前；左足跟隨前“振跺”之勢稍離地。目視右拳(圖 40)。

圖37

圖38

圖39

圖40

要點：含胸鬆肩，腰身手足動作一致。前擊捶時，正身正胯，用脊骨力，勿探身前傾。

41. 如封似閉

上體不動，同時往右撤步，左足撤至右足前，脚尖點地；右拳内扣變掌回抽，左拳變掌從右肘下穿鑽至兩掌相交叉爲“十”字，即變立掌；掌心向外，雙掌回抽於腹前。目視前方(圖 41)。

要點：兩臂須隨身體後撤回收，雙掌交叉兩肩不要縮或聳起，鬆肩墜肘。重心後移要坐實右腿，鬆腰胯，上體正直，腹鬆氣沉。

42. 抱虎歸山

左足前邁，右足在後蓄勁跟步，兩足相距半步；兩掌由腹前向前上弧綫前推，高與胸平。目視兩掌虎口之間(圖 42)。

要點：向前邁步，上體要正直，不要前俯後仰，注意胸腹齊進。

43. 右伏虎

重心換於右腿，以左足跟爲軸，身體由正東轉向正南；同時雙掌變拳上下分動，右拳背朝上扣於腹前，左拳背朝外(前)護在左額上方，兩臂呈弧形。目視正南偏西(圖 43)。

要點：此式氣勢兇猛，兩手過渡爲伏虎式時，上下肢要相隨，防止肩部上聳。

44. 十字手

兩拳變掌，右掌上升，左掌下降，兩掌合至膻中前變爲立掌交叉；下同第 21 式(圖 44)。

圖41

圖42

圖43

圖44

45. 開手

同第22式(圖45)。

46. 合手

同第23式(圖46)。

47. 右展掌

動作同第32式,但方向相反(圖47)。

48. 右摟膝拗步①

動作同第34式,唯方位、手位、步法相反(圖48)。

49. 右摟膝拗步②

動作同第35式,唯方位、手位、步法相反(圖49)。

50. 手揮琵琶

左足後撤步,撤步遠近以不牽動身體重心爲適;右足同時往後撤至左足前,足跟距左足一拳,足尖着地;同時,右手掌前伸,左手掌後拉;左手指同胸高。目視右掌指(圖50)。

圖45

圖46

圖47

圖48

圖49

要點：由摟膝拗步變手揮琵琶時，重心前移和後坐要求上體正直。左掌後撤回收要以腰爲軸，鬆肩，墜肘，沉腕，節節貫串回收，以身領手，不可先撤左掌不顧肩肘部分。定勢要有下沉的氣勢，但精神仍具有輕靈之意，兩肩腰胯放鬆，不凸臀。

51. 擠手①

同第 15 式（圖 51）。

52. 擠手②

同第 16 式（圖 52）。

53. 懶扎衣①

同第 17 式（圖 53）。

54. 懶扎衣②

同第 18 式（圖 54）。

55. 懶扎衣③

同第 19 式（圖 55）。

圖50

圖51

圖52

圖53

圖54

56. 懶扎衣④

同第 20 式(圖 56)。

57. 十字手

同第 21 式(圖 57)。

58. 開手

同第 22 式(圖 58)。

59. 合手

同第 23 式(圖 59)。

60. 橫合掌

同第 24 式(圖 60)。

61. 單鞭

同第 25 式(圖 61)。

62. 握右拳左擊

右足向左足上半步,同時右掌變拳自下向前上弧形擊之,高與"太陽穴"水平;左掌由上向下按於臍下,虎口撐圓,微定氣勢。身體微向東南方,目視右拳(圖 62)。

圖55

圖56

圖57

圖58

圖59

63. 退步靠劈掌

右脚後撤,右拳隨身勢後移之勁落於臍間,左掌由下向前上劈;前左足亦隨之向後撤,足尖點地。目視左掌指(圖 63)。

要點:肩鬆肘垂,體態自然。尤注意外三合(即肩與胯合,肘與膝合,手與足合)。

64. 換式

左足向左後撤,全脚踏實負重,前右足尖自然翹起;右拳外翻變爲掌心朝上,經左肘下横穿向前上(如八卦掌穿掌之勁勢),掌之中指與鼻齊高;左掌由裏向外翻變爲掌心朝上護心。面對東南,目視右掌指(圖 64)。

要點:移動身體重心時,上體要平穩,臀部不可外凸。雙掌以意氣聯系,又似接托物狀。

65. 右式倒攆猴①

右脚尖内扣,全脚掌踏實負重,并與左足成倒八字,左足跟稍離地;同時向胸前扣轉右掌,掌心朝下,左掌隨之内裹,掌心朝下,雙

圖60

圖61

圖62

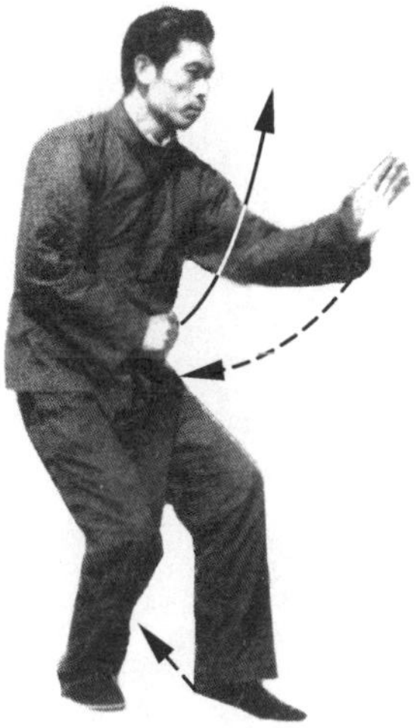

圖63

圖64

掌指相對。上體轉向西北，目視西北(圖 65)。

要點：手、脚動作要一氣貫串。

66. 右式倒攆猴②

上勁不停，上體由西北轉向西南，右掌從右胸往左邊摟一弧綫，呈立掌在前；同時左足斜往左邊邁步，右足隨跟半步，足尖着地；左掌心朝下按於左肋下側。目視右手掌指(圖 66)。

要點：右掌行推按勁，左掌行按拉勁。兩手的屈直，都與摟膝拗步相同。推按拉時轉腰鬆胯。

67. 左式倒攆猴①

右脚向後撤，左足尖上翹，足跟行擰勁往裏扭轉；同時提右足隨身轉向西北，足跟落地；在提撤右足和扣落左足時，左掌經耳側翻扣於左面前，右掌由外向裏扣翻於中脘前。目視前下 45°角(圖 67)。

要點：撤步時，前脚掌先着地，再慢慢踏實。身體不能忽高忽低，須平衡穩定。

68. 左式倒攆猴②

上體由正南偏西北轉向西南，右足提回與後左足成 45°角，足尖頂地，即向西南邁步，左足跟步而催身進；左掌爲立掌推按，右掌呈按勁向下於右肋下側，左足隨之跟步，足尖頂地。面對西南，目視左手掌指(圖 68)。

圖65

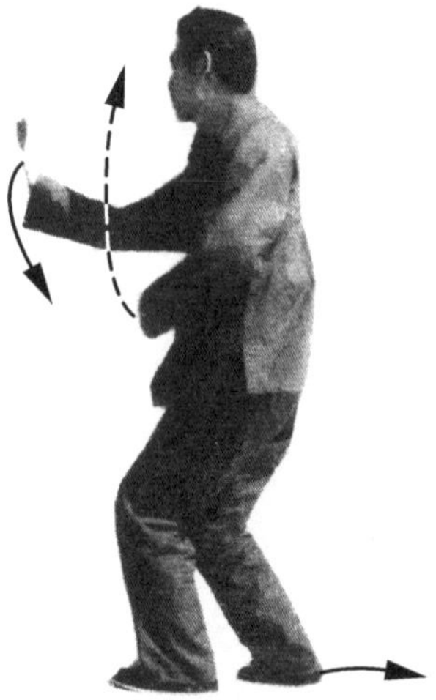

圖66

圖67

圖68

69. 提手抱

上體由西南轉向正南，左足後撤，右足尖頂地撤距左足半步；兩臂隨之向自身折回，左臂屈肘橫置於胸前，左掌心朝下，右掌向左下方穿并由裏向外翻，掌心朝上。目視前下（圖 69）。

要點：兩臂相搭，左上右下，含抱合之勁。

70. 白鶴亮翅

上體不動，鬆腰坐胯；右掌向前鑽翻轉至右胸前爲立掌，左掌沉肘自下至於左胸前，兩掌虎口相對；下同第 29 式（圖 70）。

要點：此式以兩臂動作爲樞紐，練習胸背兩脇之伸縮力，開合自然。

71. 開手

同第 22 式（圖 71）。

72. 合手

同第 23 式（圖 72）。

73. 左展掌

同第 32 式（圖 73）。

圖69

圖70

圖71

圖72

圖73

74. 右展掌

同第 33 式(圖 74)。

75. 左摟膝拗步①

同第 34 式(圖 75)。

76. 左摟膝拗步②

同第 35 式(圖 76)。

77. 獅子滾球

同第 36 式(圖 77)。

78. 弓探式

左脚向前脚墊步,左腿下屈,坐身;同時右掌心朝上,向前下斜行穿伸,左掌由左至右護右面,指尖朝上,掌心朝外;兩臂呈交叉狀環抱。面東,目視右掌心(圖 78)。

要點:注意頭正而不低俯,身坐而不傾曲。

79. 右手展翅

上體前移而起;同時雙掌左右分展,并回撤前左足,足尖頂地;右掌高舉過頭,左掌按於胯前。面東,目視前下 45°角(圖 79)。

要點:右掌呈撥勁,左掌呈按勁,兩掌如一掌,形異而一力。

圖74

圖75

圖76

圖77

80. **海底針**

左足撤至右足前，足尖頂地，同時右手手心轉向上，往下往後劃弧經右頷前按至左脚面；左掌按勁不變；折腰下沉，兩腿微彎曲。面東，目視右掌（圖 80）。

要點：左足後撤足尖頂地時，右腿要漸漸下蹲，重心由右腿支撑。左掌必隨重心前移，後坐行按勁。兩臂微曲。右掌向前下按應隨右腿下蹲和折腰而動，肩催肘，肘催手。折腰時，頸脊至腰脊成一直綫，頭正而不低俯，身坐而不傾曲。

81. **三通背**

立身，右掌向前外翻轉隨立身往上抬至右額前掌心向前護額，左手同時從胯處變立掌蓄前推勁；右足不動，左足於兩手動作的同時向前邁呈弓步。面東，目視左掌（圖 81）。

要點：

①左脚前邁時，右腿坐實，身體不要摇晃和前俯後仰，速度要均匀。

②右臂蓄上挑勁，左掌蓄前推勁。鬆肩沉肘，以通脊力。

③練此式運勁時，要以舒順爲原則，先將脊背之力運於兩臂，再運於左掌。左掌心之力，與左肋骨相應，作向前之勢。發勁時，頭須頂勁，下頦内含。

圖78

圖79

圖80

圖81

82. 翻身三通背

續以腰爲軸,左足尖上翹,向右轉體,轉到面向正南,右足翹起扭直落實;同時左手向上劃弧,手背護左額,右手自右額處向前推出與肩平、坐腕;以下與第 81 式三通背同,唯方向相反。面南,目視右掌(圖 82)。

要點:同第 81 式"三通背"。

83. 猛虎坐洞

上動不停,左手由左前額往前伸與右手齊,兩手心相對;同時右足撤到左足後邊後斜落:兩手從前虛握拳往下劃弧到小腹處,同時左足回撤至右足前,足尖頂地。身體轉向正西,目視前方(圖 83)。

要點:鬆腰坐胯,身體重心在後右足。

84. 進跟步十字拳

兩拳相搭,左上右下;右足極力蹬勁,催左足往前邁步,身體重心仍在右足;兩拳從速向前上躦出,拳心與口鼻相對。面西,目視雙拳(圖 84)。

要點:身體正直不要起伏,鬆腰坐胯。

圖82

圖83

圖84

圖85

85. **金鷄獨立**

上體不動，先提左足向前墊半步，後右足尖提并於左足腕内側，右足跟離地；同時兩拳變掌外翻，掌心朝前，横抱胸間。面西，目視雙掌(圖 85)。

要點：身體正直，鬆腰坐胯，屈膝。

86. **雙合掌推進**

沉腰左足呈踩勁，右足前邁一步，同時左足緊跟上步；雙掌相合，右掌在上，左掌在下，左掌心朝外。面西，目視左掌背(圖 86)。

要點：上體正直，雙掌相合，一氣貫串。

87. **望眉展甲**

身體由右轉向左，面南；一氣貫串，以腰爲軸，以左足催右足横進其身呈“撮勁”，同時展掌如開弓，左掌心朝外護左額，右掌心朝下向右正方發掌。目視右掌(圖 87)。

要點：“撮勁”和“發掌”要一氣貫串，同時進行。

88. **十字手**

右脚向左脚并而起身，下同第 21 式(圖 88)。

89. **開手**

同第 22 式(圖 89)。

圖86

圖87

圖88

圖89

90. **合手**

同第 23 式(圖 90)。

91. **橫合掌**

同第 24 式(圖 91)。

92. **單鞭**

同第 25 式(圖 92)。

93. **雲手①**

身體重心移於右腿,身體漸漸右轉;左手向下,向右劃一半圓,劃至右肩下稍停,雙掌心均朝西南,呈斜立掌;同時,左足向右足靠攏,足尖頂地。目隨左掌下移視前右掌指(圖 93)。

94. **雲手②**

左手從右肩下向上向左劃一半圓圈,而右手向下向左劃一半圓圈,至左肩下稍停;在左右手動作時,左足向左橫邁,左右手劃至左邊時,兩足尖向左邊微斜。目視左掌虎口(圖 94)。

95. **雲手③**

上動不停,右手向上劃,左手向下劃,兩手劃至右邊時,左足又橫向左邁步;左手續向上劃,右手向下劃,右足跟進,如此循環三次;左右手向上劃時,翻掌心向外。目視左掌虎口(圖 95)。

圖90

圖91

圖92

圖93

要點：雲手①、②、③身體轉動要以腰脊爲主，鬆腰，鬆胯，保持立身中正。兩臂隨腰運轉要圓活，經下面向左或右向上運時要含上抄之意；運轉到上面的左或右肘不可抬起。同時，頭宜正直，胸宜稍含，兩腿微屈，腿力上提。兩手運行與兩足挪移，速度應一致。練時，左手向右，身體向右微轉；右手向左，身體向左微轉。提脚時脚跟要先離地，踏下時要以脚尖先着地。踏下的脚跟一經踏實，另一脚的脚跟速離地。

96. 右掩肘

右脚後撤鬆腰坐胯，與左脚呈馬襠步；同時左掌變拳，拳背朝下屈肘與左膝相對；右掌變拳，拳背朝上於臍前。面南偏東，目視左拳(圖 96)。

要點：左拳向右裹動，右拳行拉勁。雙臂貫串成一合勁。

97. 左掩肘

向左後撤左步踏實與右脚相合呈半馬襠步(左腿負體重六分，右腿四分)，身轉向東北；右拳從臍前伸出屈肘與右膝相對，左掌回拉於臍間，勢同“右掩肘”面對東北。目視右拳(圖 97)。

要點：同上式。

98. 側身十字手

身體起立，右足向左足并步；兩手腕交叉相搭，狀如“十”字，右腕交叉於左腕之上，兩臂向內彎抱至胸前。面對東北，目視東北(圖 98)。

圖94

圖95

圖96

圖97

要點：兩腿起立，全身要放鬆。上下相隨，務必協調。十字手的兩臂須呈環形，鬆肩沉肘。

99. 右蹬脚

左脚尖稍外撇踏實，坐實左腿，重心漸移左腿；兩掌向左右分開，右脚同時以脚跟慢慢向右（即東南向）蹬出，脚尖朝上，左腿隨右脚蹬出時漸漸起立，膝仍微曲。目向右掌虎口平視（圖 99）。

要點：兩手分開要和右蹬脚一致，兩臂不可伸直，肘部略沉，低於腕部，并坐腕。身體要穩定，不俯不仰，爲使身體平衡，只有“虛靈頂勁”和“氣沉丹田”。分手和蹬脚要協調。

100. 左蹬脚

右脚扣步於原地，兩手由左右下落收至臍前合抱，左腕交叉於右腕之上；兩臂慢慢上舉成十字手再向左右劃弧分開平舉於身體兩側（肘微屈，手心向外），左腿同時屈膝提起，左脚以脚跟慢慢向左前方（即西北方向）蹬出，脚尖朝上。目向左掌虎口平視（圖 100）。

要點：同上式。

101. 偏左轉身

左脚落於右脚旁，脚尖點地，同時兩手由左右下落收至胸前合抱，左掌在內，右掌在外。目視西北（圖 101）。

要點：身體要穩，右脚内勁蓄實負重。

圖98

圖99

圖100

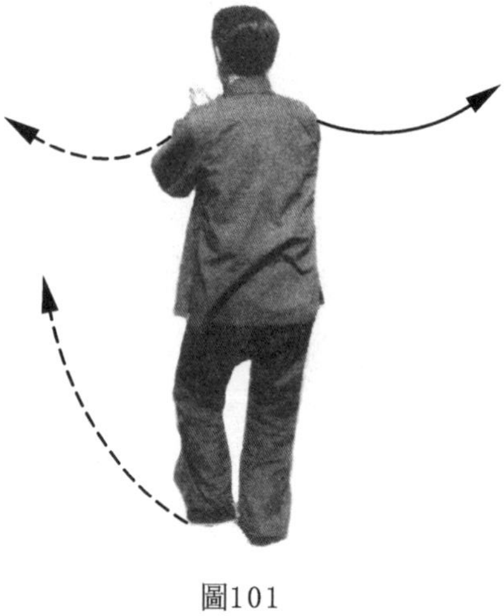

圖101

102. **側身左蹬脚**

兩掌變拳向左右分，平衡於身體兩側，拳眼相對（肘部微屈）；同時左腿屈膝提起，左脚向左前方（正西）以"抖彈"之勁横蹬。面北偏西，目視左拳眼（圖 102）。

要點：衝拳和蹬脚同時動作，發勁時身微向前探。爆發勁於拳、脚之中。其他要點同第 99 式。

103. **左顧**

向左前方落邁其左脚并負重，後右足隨之蹬地，帶動身向前，呈左弓步；同時，左拳下落於左胯側，拳面朝上，右拳變掌，隨身勢之動向左前方推出，指尖朝上呈立掌。面西，目視右掌（圖 103）。

要點：右手推出時，要沉肩墜肘，坐腕舒掌，身體不可前俯後仰與鬆腰，弓腿上下協調。向前邁步時，要掌握好身體重心的變換。

104. **右盼**

身稍向右轉，右足向前横跨墊一步，兩腿呈交叉狀，重心在兩腿之間；左拳變掌由左往右旋，右掌變拳，拳面朝上，扣按於小腹胯旁。面對西偏北，目視左掌（圖 104）。

要點：當右足向前横跨墊步時，兩臂應行裹勁而至。

105. **栽捶**

左足向左前方跨邁，呈馬襠式，左手翻至手心向下握拳拉至左胯旁；右拳自右胯向上向後劃弧經右耳側向前下栽擊，身體隨之彎曲。面西，目視右拳彈動（圖 105）。

圖102

圖103

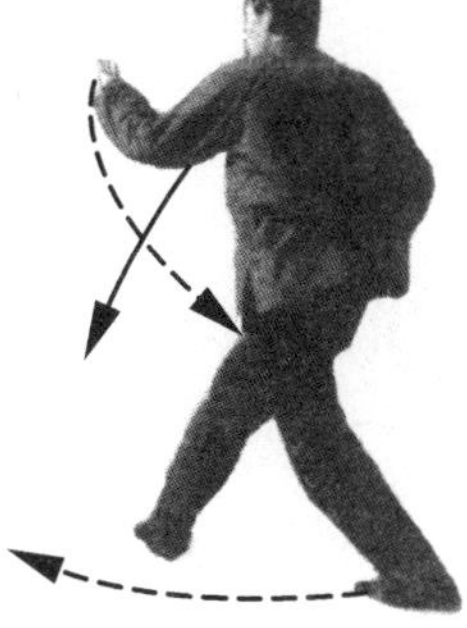

圖104

圖105

要點：上體隨右拳下栽應折腰，沉腰胯。折腰時頸脊到腰脊保持直綫，最忌頭頂下垂。

106. **翻身撇身捶**

左足裏扣，身體同時直起，右轉；隨着轉體，右拳從右額自前往後劃一弧綫，拳心朝上捶之；左拳護腰不變。面東偏南，目視右拳（圖 106）。

要點：本式扣步翻身，腰步并用，爲立圓之勁。右拳打出時，右臂不要伸直，沉肩墜肘。

107. **撤步高探馬**

重心全部移於左腿，提右膝，身體高聳，向前探出；右拳不變，左拳變掌，掌心朝下扣右膝上。面東，目視右拳（圖 107）。

要點：手足動作須協調一致，含胸鬆肩，運腰脊之力。上體不可後仰，提右膝時，氣沉於小腹。

108. **扭步攦掌**

右足向前下落横墊於地，同時以腰爲軸身向右轉；兩腿交叉成剪子般相合一力，後左足尖着地；兩臂順、逆螺旋齊動，左手推頂，右手拉按。面東，目視左掌指（圖 108）。

要點：鬆腰坐胯，兩掌交錯前後行分勁，如攦物狀。

109. **懷中抱月**

左脚繼續向前方横跨墊步，重心在兩腿之間；左掌心由裏向外翻轉，掌心朝上，身體稍向左轉，後右肘外側稍向前動。面東偏北，目視左掌心（圖 109）。

圖106

圖107

圖108

圖109

要點：立身中正，手足協調一致。

110. 單起脚

上動不停，重心前移至左足，右脚向前直踢，右掌前伸拍擊右脚尖；左掌心朝上護左胯旁。面東，目視右脚尖（圖 110）。

要點：右脚直踢，左腿微曲負重。踢出之勁，發於腰脊，達於脚背脚尖。氣沉而不浮，身正而穩。

111. 退步靠踏掌

右脚向後落步，左足順勢後撤半步并催身向後坐實；左掌前按，右掌踏按於腹旁。面對東南，目視左掌（圖 111）。

要點：身向後坐移時呈靠勁，而雙掌左上右下前後相錯而出及拉回，右掌呈踏按勁。身、手一定要協調。

112. 退步抹掌

重心稍移向右脚，同時左足尖劃弧向右脚并而再順勢後撤；右掌穿向左肘上端，隨撤步之勢，雙掌交叉分展，掌心向下爲抹勁，并提右足隨身勢的後移而後撤，足尖點地，左腿負重。面東南，目視右掌（圖 112）。

要點：退步和抹掌同時進行，貫串一氣。

113. 披身伏虎①

兩臂屈肘劃弧，左掌從下往左側至面部劃弧，右掌由前往右往前劃弧與左掌相錯，左上右下呈斜立掌；同時右足经左足内側向右極力横墊其步，足跟先着地，重心在兩腿之間。面東偏南，目視左掌（圖 113）。

圖110

圖111

圖112

圖113

要點：立身中正，兩臂呈弧形環抱，肩不上聳。氣勢兇猛，含神於肌體。

114. 披身伏虎②

上動不停，身右轉使右腿負重，左足跟自然翹起，足尖着地；兩掌交叉爲十字掌狀，掌指朝上。面南，目視南偏東(圖 114)。

要點：意寓左脚。十字手的兩臂呈環形，鬆肩墜肘。

115. 左開飛蹬脚

重心不變，右腿稍曲，全身之力向內收斂，身上聳，兩手左右分開，同時左足向東南前蹬，足踵用力，足尖朝上。面南，目視左脚(圖 115)。

要點：身須直立，不可前俯。蹬出之勁，發於腰脊，達於足踵。

116. 右轉身①

左足往右前方落、扣，并負重，兩臂屈肘在胸前抄抱，左臂在上，左掌呈斜立掌，掌心朝外。右臂在下，掌心朝上托左肘。面南，目視前下方(圖 116)。

要點：兩臂屈肘抄抱含抱穿之勁，如"八卦"穿掌勢勁。俯首而神其中。

117. 右轉身②

身由左向右轉，使面朝北(還可以以右足掌爲軸，速一氣向右轉至背朝南)；提右脚

圖114

圖115

圖116

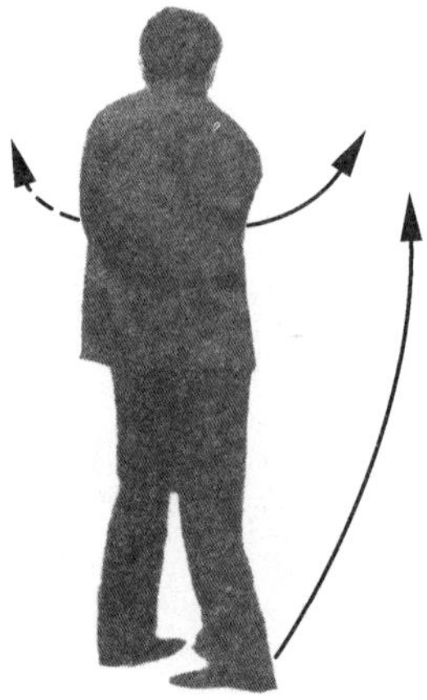

圖117

向右撇而横墊其步，以使左脚劃弧向右脚邁扣，雙臂撑圓，腕高與肩平，右手在外，呈斜立掌，左掌在裹，掌心朝下。目視下方(圖 117)。

要點：頭微上頂，下頦稍後收。兩臂環抱時圓滿舒適，沉肩垂肘。

118. 右開飛蹬脚

身由左稍向右轉，面對東北，左腿負重膝稍曲，全身之力向内收斂；身上聳，兩手左右分開，同時右足向東南前蹬，足踵用力，足尖朝上。目視右脚和掌指(圖 118)。

要點：身須直正，不可前俯。蹬脚之勁，發於腰脊，達於足踵。

119. 拗步右顧

右脚向東南落步，足尖指向右斜角，重心隨之前移；身以腰爲軸向右轉，右手心朝下隨之落在右胯間，左掌由左向前至左胸前；後左足隨身動，面南，目視右掌足跟稍離地(圖 119)。

要點：鬆腰坐胯，右腿負重。兩臂屈肘呈環狀。

120. 進步搬攔捶①

面東，目視正東。其他解説同第 39 式(圖 120)。

121. 進步搬攔捶②

同第 40 式(圖 121)。

圖118

圖119

圖120

圖121

122. 如封似閉

同第 41 式(圖 122)。

123. 抱虎歸山

同第 42 式(圖 123)。

124. 右伏虎

同第 43 式(圖 124)。

125. 十字手

左拳自額前向下移,右拳由腹向胸移,兩臂環抱,兩掌相搭呈十字狀;同時左脚全部掌落地負重,右足向左足裏側提并(圖 125)。

126. 開手

同第 22 式(圖 126)。

圖122

圖123

圖124

圖125

圖126

127. 合手

同第 23 式(圖 127)。

128. 右展掌

同第 33 式(圖 128)。

129. 右摟膝拗步①

同第 48 式(圖 129)。

130. 右摟膝拗步②

同第 49 式(圖 130)。

131. 手揮琵琶

同第 50 式(圖 131)。

圖127

圖128

圖129

圖130

圖131

132. 擠手①

鬆腰坐胯，左脚屈膝負重，右足前邁一步，足跟着地；雙掌心相對，屈肘回收，右掌在前，左掌在後；下同第 15 式(圖 132)。

133. 擠手②

同第 16 式(圖 133)。

134. 懶扎衣①

同第 17 式(圖 134)。

135. 懶扎衣②

同第 18 式(圖 135)。

136. 懶扎衣③

同第 19 式(圖 136)。

137. 懶扎衣④

同第 20 式(圖 137)。

圖132

圖133

圖134

圖135

圖136

138. 斜位開手

右足後退與左足并步負重;下同第 22 式,唯面對西南(圖 138)。

139. 斜位合手

動作與第 23 式同,唯面對西南(圖 139)。

140. 斜位十字手

步型、方向不變,稍沉腰屈膝;其他同第 21 式(圖 140)。

141. 斜單鞭

動作與第 25 式同,唯面對西南(圖 141)。

142. 退步左劈掌

右掌弧形收至腹前,掌心朝上,指尖朝左前下;同時左掌弧形向下與後右掌斜對前出發"抖彈"之勁;左腿負重,右脚經左脚裏側連隨掌動向發力撤步坐實,左足尖點地。面對西南,目視左掌背中指中節(圖 142)。

圖137

圖138

圖139

圖140

圖141

要點：左掌發“抖彈”之勁與右脚發力後撤動作一致；注意後肩不可向前扣使兩肩平行；同時，腰要塌，頭要頂。

143. 退步右劈掌

左掌弧形收至腹前，掌心朝上，指尖朝右前下；右掌與左掌斜對前出發“抖彈”之勁；右腿負重，左脚經右脚裏側速隨掌動向後發小撤步，右足尖點地。面西偏南，目視右掌背中指中節(圖 143)。

144. 右後轉身

以腰爲軸向左轉至正南，左脚負重；隨轉身之勢右足跟離地，足尖點地；兩掌心相對上下弧形抄抱，左臂在上，左掌呈斜立掌；右臂在下，右掌心朝上托肘。面南目視南方(圖 144)。

要點：右掌心朝上托左肘時，右手拇指有外翻之意。其他要點與第 116 式同。

145. 野馬分鬃

以腰爲軸，身體由南向西轉 360°角，兩臂相背弧綫展開，右手掌心翻向下，左掌高、右掌低，置於右胯側。同時，右脚向右邁墊爲横，連提左足向右極力扣墊其步；再提右步仍向右横墊，隨之提左步向右扣步，足跟着地。面南偏東，目視左掌虎口(圖 145)。

要點：此式如野馬奔馳，兩手分展如馬之頭鬃左右分披。動作樞紐在腰胯，手步開合須與腰胯一致。頭用頂勁，勿偏側。全身舒展，自然活潑。

圖142

圖143

圖144

圖145

146. 轉身童子抱瓶

左脚踏實并負重，以腰爲軸，身稍左轉，右足隨身轉向左脚跟并，兩足相距半步。右足尖偏前着地。左掌向後外翻，掌心朝上，右掌自後向上順時針轉至左胸前，指尖靠近左臂中節上方。目視正南(圖 146)。

147. 右拗步採挒

以左足尖爲軸，右足向右横墊，其跟先着地，隨上體不斷向右轉至正東時右腿屈膝半蹲負重；兩掌隨身動同時變拳，右拳心朝下護右腹，左拳在左前，拳心朝上。面東，目視左拳(圖 147)。

要點：右拳行採勁，左臂爲挒勁，兩臂相合一力，隨身向右齊動，含神於肘節之前臂内側。

148. 懶龍右卧道

屈膝全蹲，右脚全掌着地，脚尖外展，後脚前掌着地，兩腿靠攏貼緊，臀部坐於左小腿接近脚跟處；左拳變掌，掌心朝下，屈肘經頭前劃半圓弧扣按於小腹前，右拳變掌向後經右胯，向上劃弧翻轉至頭前，掌心朝前，掌指朝左側。面西，目視前方(圖 148)。

要點：塌腰、坐穩，兩腿靠攏貼緊。屈膝全蹲之際，襠間合住勁，下盤如枯樹盤根。

149. 左拗步採挒

重心升高；左掌變拳，拳心朝下護左腹前，右掌自頭部下落變拳在右前，拳心朝上；隨重心上升之際，左脚向前横邁一步，屈膝半蹲負重。面東稍偏南，目視右拳(圖 149)。

圖146

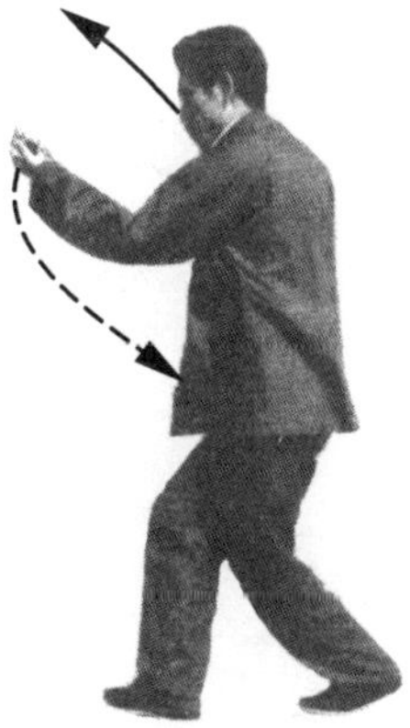

圖147

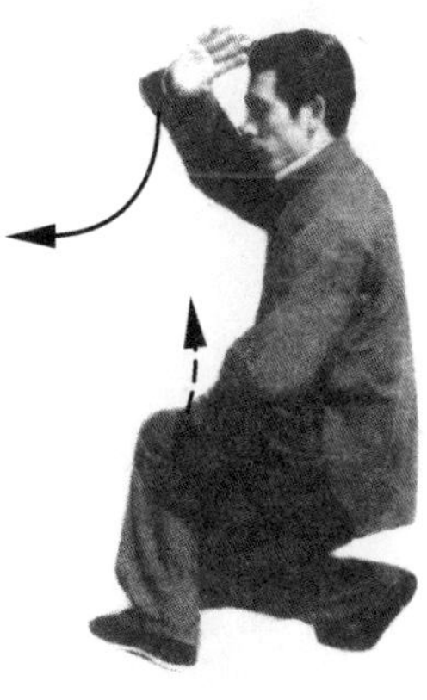

圖148

圖149

要點：右拳行採勁，右臂爲挒勁，兩臂相合一力，隨身向左擠動。含神於肘節之前臂內側。

150. 懶龍左卧道

左脚全掌着地，脚尖外展，後脚前掌着地，兩腿靠攏貼緊，臀部坐於右小腿接近脚跟處；右拳變掌，掌心朝下，屈肘經頭前劃半圓弧扣按於小腹前，左拳變掌向後經左胯，向上劃弧翻轉至頭前，掌心朝前，掌指朝右側。面西稍偏南，目視前方（圖 150）。

要點：同第 148 式之要點。

151. 懶龍鑽天

重心上升；左脚不動，右脚向前橫而跨邁，足指朝前，後左足蹬勁呈“弓步”，重心偏前右足；同時，左掌稍下落隨右脚跨邁向左前伸，右掌自然扣於右胯間（圖 151）。

要點：左掌前伸终時似拍皮球状。兩足蹬呈弓步時，要右腿弓，後腿稍绷，含胸，沉髖，前脚尖與後脚跟成一直綫。

152. 左玉女穿梭

左脚經右脚裏側向西南前進半步，後右足自然跟進；左掌由左往右肘弧形下落，左掌心轉向上托右肘，同時上身略向左轉；左臂屈肱，掌心朝前，掌指朝右護額上，右手向前弧形推出，掌指朝上，掌心吐力。面對西南，目視右手（圖 152）。

要點：上體中正，手上舉護額不引肩上聳，手前推要與脚前進，脚跟進上下協調（左、右要領相同）。穿梭面向四個斜角，如面南起

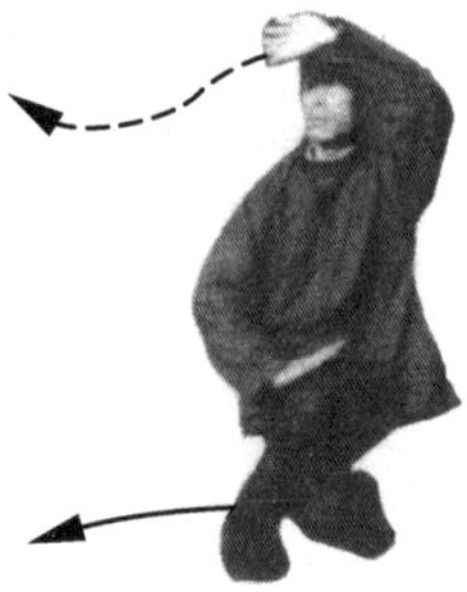

圖150

圖151

圖152

圖153

勢，穿梭方向爲西南、東南、東北、西北。

153. 王女轉身

左足盡量裏扣，身右轉面北；左手下落，掌心朝下，右手翻至手心向上托左肘尖。目視右掌（圖 153）。

要點：兩手回撤，胸前托抱，鬆腰坐胯。

154. 右玉女穿梭

繼續向右轉身，面對東南；右足往右前方邁落，左足跟步至右足後；右臂屈肱，掌心朝前，掌指朝左護額上，左掌向前弧形推出，掌指朝上，掌心吐力。目視左手（圖 154）。

要點：同第 152 式要點。

155. 横裏穿掌

右足向前墊邁一步，後左足蹬勁，稍綳；同時左肘向右翻裹，掌心朝上，右掌自頭下落由外往裏翻，掌心朝上至膻中前與前左手合住勁。面東南，目視左掌（圖 155）。

156. 左玉女穿梭

後左足經右脚裏側向東北前進一步，右足隨跟半步；左手腕外翻，并往上翻起，掌心朝前，掌指朝右護額前，右手向前弧形推出，掌指朝上，掌心吐力。面東北，目視右手（圖 156）。

157. 玉女轉身

身右轉面南，左足向右極力扣步踏實，右足隨之脚跟離地；左手下落，掌心朝右，掌指朝上，右掌虎口外翻，掌心朝上托左肘尖，其臂向裏轉。目視右掌（圖 157）。

圖154

圖155

圖156

圖157

要點：同第153式之要點；另左、右臂如夾物狀，意在護心房。

158. 右玉女穿梭

動作與第154式同，唯面對西北（圖158）。

159. 退步掩襠捶

左足後撤，脚尖外展對南方，前右足隨之後撤，足尖點地，面西偏南，兩足相距半步；同時右掌變拳，自上而下弧形下落，拳心朝上，呈反背捶，左掌下落護右前臂之裏側；屈膝半蹲，身體重心落於左腿。面西偏南，目視右拳心（圖159）。

要點：當前右足隨之後撤時，上體正直，上體隨右拳下落折腰，沉腰胯。但折腰時，頸脊到腰脊仍保持成直綫。兩肘微屈。

160. 橫向翻肘

身向左轉至正南；左腿負重向右正前方蹬勁，前右足被催向右正前方進步負重，左足尖着地，兩足距半步；同時向上前翻其右肘擊進，右臂與肩略平，右拳心朝下，左手仍爲掌順隨扶按於右肘彎處。目視肘之前方（圖160）。

要點：上體正直，鬆腰坐胯。兩臂呈弧形。

161. 雲手①

身體重心上升，左足向右足并，足尖點地；同時右臂向右橫展爲立掌，左掌自原處向

圖158

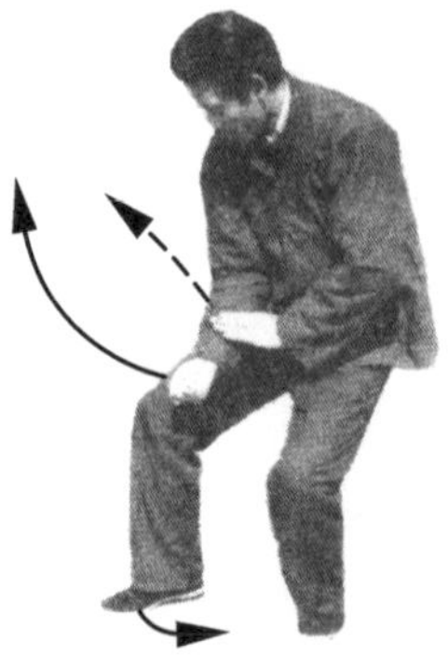

圖159

圖160

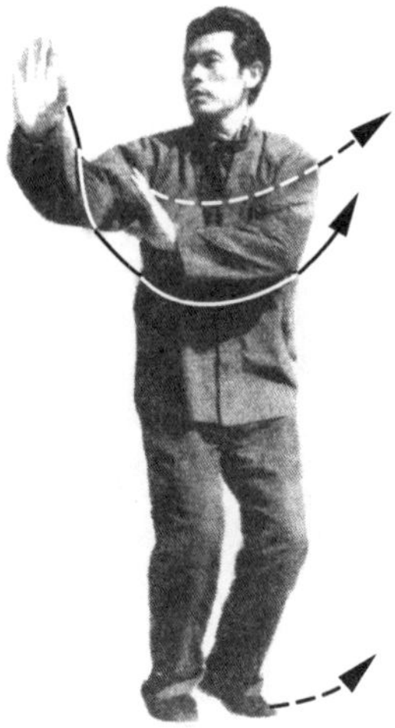

圖161

下扣落;下同第 93 式(圖 161)。

162. 雲手②

同第 94 式(圖 162)。

163. 雲手③

同第 95 式(圖 163)。

164. 雲手下式

身體稍右轉至南,右脚向右横邁呈馬步,重心移至右腿,并彎曲下蹲,左脚掌爲軸,脚跟外蹬,左腿膝微曲伸直;同時,左手隨轉身動作從上至右下收右肩前,隨之下落(掌心向下),順内腿内側向前穿出,右掌稍向下移至小腹部位,掌心向下。目隨掌視(圖 164)。

要點:腿臂之伸屈,與身之起落一致。坐身時,脊骨直立,不能彎曲。兩足平着地面,後足踵不離地,前足尖勿上翹。

165. 左金鷄獨立

左脚尖外撇,身漸左轉至面東,重心漸移左腿,上體前移而起,右手向前弧形上托至右額側,手指朝上,掌心朝左;同時右腿隨之屈膝上提,至膝蓋與右肘相對爲度,右足尖上翹,左腿直立,左手下按於左胯側(圖 165)。

要點:此式單腿而立,身重寄於一足,故要穩妥正直,手足起落,尤要一致。運動樞紐,全在腰頂,上提之腿,爲使力貫於膝,必足

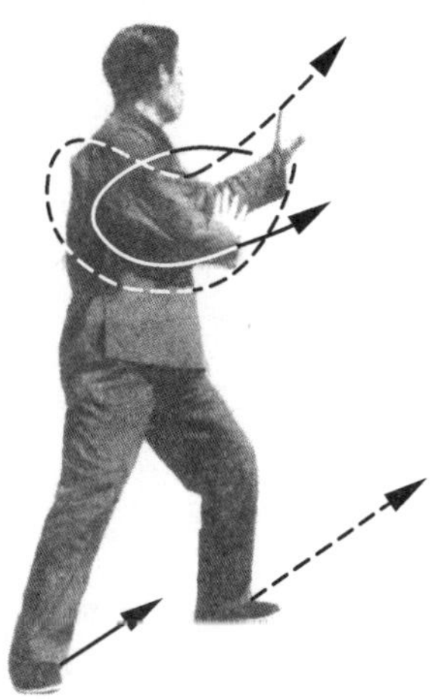

圖162

圖163

圖164

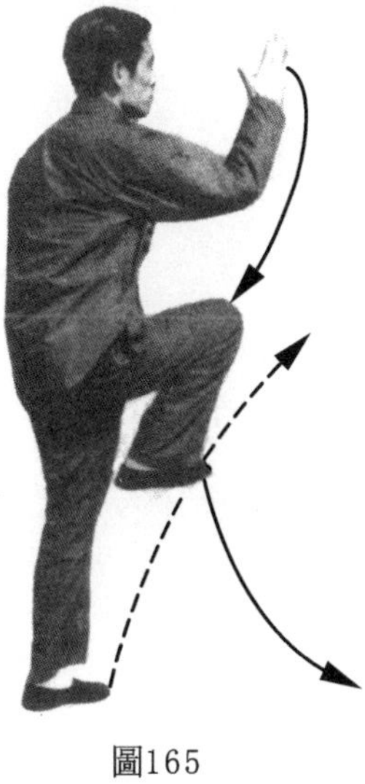

圖165

尖上翹。左腿直立時不宜用力挺直。

166. 右金鷄獨立

上動不停，右脚向前踏步，同時折腰左腿下蹲，左腿隨着向上提膝，右腿直立；左手自左胯向前上翻裹高與頭齊，掌心朝外，掌指朝右，右掌心朝下落扣按於小腹前。面東，目視前方(圖 166)。

要點：同第 165 式之要點。

167. 換式

左足向左後(西北)撤負重，右足尖上翹；右掌向右前穿伸迎左掌下落之勢兩臂螺旋裹勁，兩掌心均朝上，左掌置於右臂彎處；下同第 64 式(圖 167)。

圖166

圖167

圖168

圖169

圖170

168. 右式倒攆猴①

同第 65 式(圖 168)。

169. 右式倒攆猴②

同第 66 式(圖 169)。

170. 左式倒攆猴①

同第 67 式(圖 170)。

171. 左式倒攆猴②

同第 68 式(圖 171)。

172. 提手抱

同第 69 式(圖 172)。

173. 白鶴亮翅

同第 29 式(圖 173)。

174. 開手

同第 22 式(圖 174)。

175. 合手

同第 23 式(圖 175)。

圖171

圖172

圖173

圖174

圖175

176. **左展掌**

同第 32 式(圖 176)。

177. **右展掌**

同第 33 式(圖 177)。

178. **左摟膝拗步①**

同第 34 式(圖 178)。

179. **左摟膝拗步②**

同第 35 式(圖 179)。

180. **獅子滾球**

同第 36 式(圖 180)。

圖176

圖177

圖178

圖179

圖180

181. 弓探式

同第 78 式(圖 181)。

182. 右手展翅

同第 79 式(圖 182)。

183. 海底針

同第 80 式(圖 183)。

184. 三通背

同第 81 式(圖 184)。

185. 翻身三通背

同第 82 式(圖 185)。

圖181

圖182

圖183

圖184

圖185

186. 猛虎坐洞

同第 83 式(圖 186)。

187. 進跟步十字拳

同第 84 式(圖 187)。

188. 金鷄獨立

同第 85 式(圖 188)。

189. 雙合掌推進

同第 86 式(圖 189)。

190. 望眉展甲

同第 87 式(圖 190)。

圖186

圖187

圖188

圖189

圖190

191. 十字手

同第 21 式(圖 191)。

192. 開手

同第 22 式(圖 192)。

193. 合手

同第 23 式(圖 193)。

194. 橫合掌

同第 24 式(圖 194)。

195. 單鞭

同第 25 式(圖 195)。

圖191

圖192

圖193

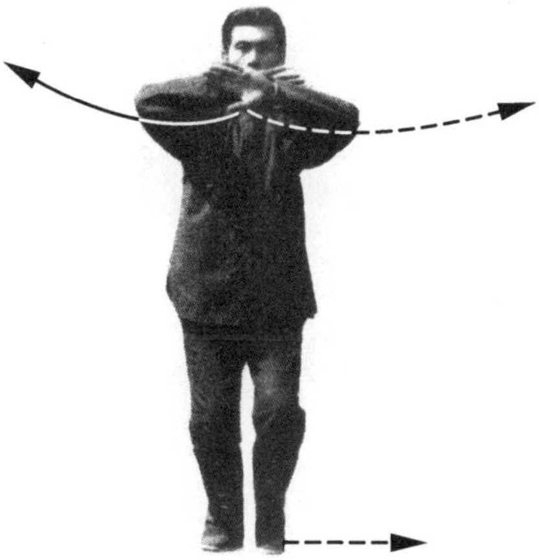

圖194

圖195

196. 雲手①

同第93式(圖196)。

197. 雲手②

同第94式(圖197)。

198. 雲手③

同第95式(圖198)。

199. 右掩肘

同第96式(圖199)。

200. 扣掌抖彈

左足向左後方撤大步落地負重,面東偏南,同時右脚尖點地,兩足距半步;左拳變掌,落於心窩下,掌心朝上,右拳變掌,掌心朝下,由右往左劃弧回收與左掌心相對,右高左低,兩臂呈環抱式,在開、合行程之間發出抖彈勁。目視前下方(圖200)。

要點:鬆腰坐胯,立身中正安舒;抖彈時,抖彈幅度在15厘米左右。

圖196

圖197

圖198

圖199

201. 向右擂左掌

右足向前邁墊，脚尖外展，後左足跟稍離地與前足跟相對，兩大腿如剪子股，身稍右轉至東南；左掌隨身轉向右前劃弧，掌心朝東南，後右掌由上往裏旋，掌心朝下落於臍前。目視左手食指（圖 201）。

要點：左掌向右前劃弧要握住勁，至東南，右腕跟着發坐塌勁，兩大腿呈剪子股時，腿内側要帶勁。

202. 扣步抱球

身右轉至南，左足向右邁扣與右足成倒八字；同時左掌心朝下稍往右劃弧，右掌心由下往上旋，掌心朝上；兩掌相對如抱球狀。目視前下方（圖 202）。

要點：扣步、轉身、抱球時，手、脚要協調。

203. 右轉身扣合掌

身續右轉至正西，撤右足與左足相并，兩腿負重；左掌心由下往上旋向左劃弧，右掌向右自下而上劃弧，兩掌劃弧經身前轉扣至中脘掌心相對，右上左下。目下視（圖 203）。

要點：掌心相對時，要含勁微停，俯首下視似察目標。

204. 十字擺蓮腿

重心移於左腿，右脚跟先離地，後漸提膝，

圖200

圖201

圖202

圖203

脚尖上翹；左掌向前上翻轉，兩手合抱胸前，右手在外，手心均向裏，成十字手式；後兩臂向左右分開，手心轉向外；右脚由左向右前擺，蹬發抖彈勁。面西，目視前方（圖 204）。

要點：左腿負重，身體要穩，右腿要平，蹬脚力在脚跟，脚向正西。

205. 十字落腿

上動不停，右脚向正西邁落并負重，兩展掌不變。目仍前視（圖 205）。

要點：右脚向前邁落時要防止上體前撲；落步要輕，兩掌撑勁不丢。

206. 進步指襠捶

左足往西偏南邁一步，脚尖外展對南，右脚向西邁一步，脚尖裏扣對南，兩腿之間負重；同時兩臂向體側弧形下落，兩掌變拳落臍間，右拳心朝上向西偏南緩緩伸出，左拳心向下護臍前。面南，目視右拳（圖 206）。

要點：兩拳之間似有拉勁。裹膝，脚跟外蹬，運脊力於右拳，頭頂勁而勿俯，背欲拔而不曲，與栽捶之意差不多，只發拳之點不同，栽捶向下栽擊，此捶向前下直指。

207. 躍身抖彈捶

隨即雙脚蹬地跳起，身體騰空而以抖彈之勁齊落原方位；右拳隨身體騰空屈肘，拳心由上往裏往下旋至拳心朝下擊發之，左拳心護臍不變。面南，目仍視前拳（圖 207）。

要點：蹬地身體騰空時，要有提頂拔（吸）腰向上躍身狀。前、後拳似用勁互拉；

圖204

圖205

圖206

圖207

身勢似張弓射箭狀。

208. 白蛇吐信①

身向右轉至正西,右脚向右前方墊邁,重心移向右腿,弓右腿,蹬左腿,左脚尖裏扣,成右弓步;同時,右拳變掌隨轉體向前弧形下撇至右腰前,掌心朝下,左拳變掌;掌指朝上經右小臂裏側上方向前推出。目向前平視,并觀及左掌前推(圖 208)。

要點:手、腿之動,要以腰脊爲樞紐。

209. 白蛇吐信②

上動不停,右脚向前墊步,左脚順勢跟步,右掌向前上穿爲立掌,掌心朝前,左掌往右弧形下扶右掌根。面西,目向前平視(圖 209)。

要點:右脚墊邁時,注意右脚尖正對前方,不外撇。

210. 白蛇吐信③

後左足向前方跨一步,右足跟蹬催身向前,兩掌形不變向前弧形推發;借發之勁,後足跟進,以繼勁源。面西,目平視(圖 210)。

要點:前後脚的横向距離約兩拳寬。

211. 虎坐洞

左掌前伸扶於右掌之背,兩掌心均朝下,屈肘變拳收至腹前勒住勁,拳心向上;同時向後撤右脚負重,左脚隨撤半步。面西,目視前方(圖 211)。

要點:上體勿前俯後仰,胸部要寬鬆舒展,雙拳至腹前要一氣勒住勁。

圖208

圖209

圖210

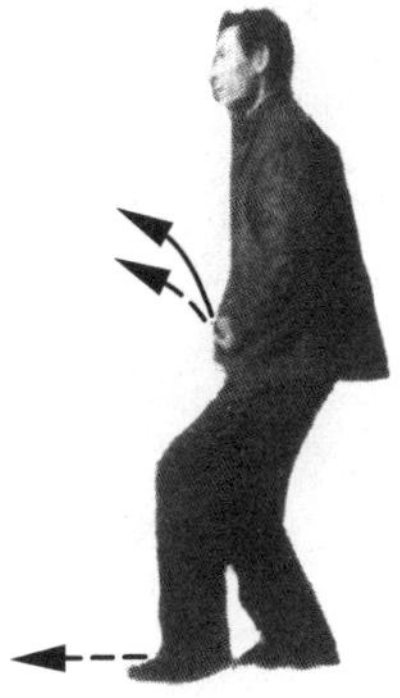

圖211

212. 虎出洞

方位不變，左足向前橫墊半步踏實負重，依此足之蹬勁催右足跨邁向前，并再跟其後，以續勁源；雙拳心與後足合勁，自下向前上托起發之。目視雙拳托發(圖 212)。

要點：勢如猛虎，鬆腰坐胯，立身中正。

213. 擠手①

右脚向前邁墊半步，脚尖上翹；同時右拳變掌，向前上掤之，掌心向內，左掌變斜立掌扶於右前臂之内關。目視兩掌(圖 213)。

214. 擠手②

同第 16 式(圖 214)。

215. 懶扎衣①

同第 17 式(圖 215)。

圖212

圖213

圖214

圖215

圖216

216. **懶扎衣②**

同第 18 式(圖 216)。

217. **懶扎衣③**

同第 19 式(圖 217)。

218. **懶扎衣④**

同第 20 式(圖 218)。

219. **十字手**

同第 21 式(圖 219)。

220. **開手**

同第 22 式(圖 220)。

221. **合手**

同第 23 式(圖 221)。

圖217

圖218

圖219

圖220

圖221

222. 橫合掌

同第 24 式(圖 222)。

223. 單鞭

同第 25 式(圖 223)。

224. 雲手①

同第 93 式(圖 224)。

225. 雲手②

同第 94 式(圖 225)。

226. 雲手③

同第 95 式(圖 226)。

227. 掌下藏右捶

左足後撤負重,前右足隨之而撤,足尖點地;同時,左掌心朝下弧形落至胸際,右掌變拳;拳心朝下落於右肋間。面東南,目視前方(圖 227)。

圖222

圖223

圖224

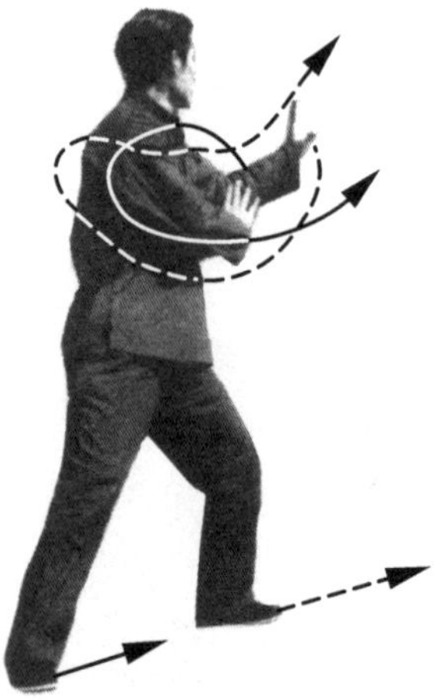

圖225

要點：塌腰，身體中正，右拳蓄勁呈待發狀。

228. 馬蹄進右捶

蹬左足，催右足前進半步；同時，右拳自下向前上擊出，左掌變拳，拳心朝下按，落於臍下。面東南，目視前拳（圖 228）。

要點：上體正直，鬆腰，鬆跨，右臂勿伸直。

229. 掌下藏左捶

身左轉至東北，右足往後經左足裏側後撤負重，前左足隨之而撤，足尖點地；同時，右拳變掌，掌心朝下向左劃弧置於胸際，左拳置於左肋間。目視前方（圖 229）。

要點：塌腰，身體中正，左拳蓄勁呈待發狀。

230. 馬蹄進左捶

隨即向東北進身發左拳；右掌變拳收至右腰前。目視左拳（圖 230）。

圖226

圖227

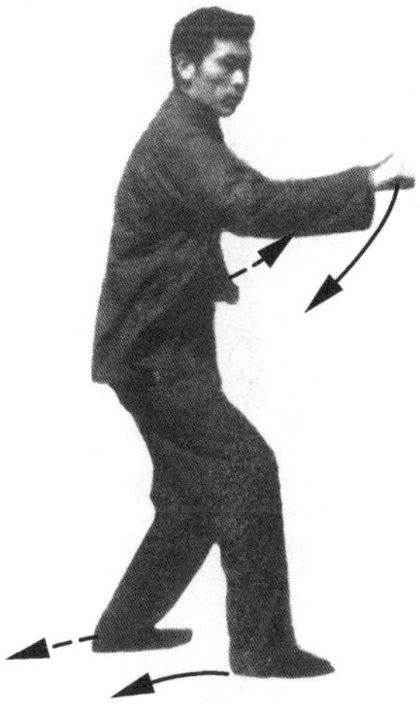

圖228

圖229

231. **掛中拳①**

身稍右轉至東，左足向前墊步；左拳隨身右轉向前貫，拳心朝下，屈膝坐胯，左腿弓，右腿蹬。目視前左拳背(圖 231)。

要點：兩腿弓，蹬腿時，要全身蓄勁，以備待發。

232. **掛中拳②**

上動不停，右拳自下而上向前弧形發出伴抖彈勁；拳心朝下，方位不變。目視前方(圖 232)。

要點：所發之右拳其臂直而勁蓄。

233. **下勢攦按**

身稍右轉至南，雙足跟隨之轉動，兩腿負重如騎馬勢；同時兩拳變掌相合一力自上向右下攦按，雙掌心朝下。目視左掌(圖 233)。

要點：兩臂隨腰攦按，按時身體須正直轉體，勿前俯後仰或搖晃，在於"上下相隨""不先不後"。

234. **斜飛勢**

右手翻轉向前劃一圓圈向左腕下落，約至左腕時，左手從右腕上換過，使兩掌心相對，左上右下；同時撤回右步於左足側，左足尖裏扣，跟着，右步即向右後斜方踏出一步，身隨右轉；右腿前弓負重，左腿後蹬勁不丢，右手向右上方，左手斜向下方分展。面南，目視左手食指(圖 234)。

圖230

圖231

圖232

圖233

要點：力求勁之綿連不斷，轉換輕靈，手足動作以腰帶領，尤重運動於腕，兩掌合抱時須含掤意。右掌向右後上方捌出要勁起於脚，發於腿，主宰於腰，通於脊背，由肩到肘，由肘到手，節節貫穿，身、手、步協調一致，右臂捌出要微曲。

235. 扣提雙掌

身左轉至東，右足以跟爲軸，足尖裹扣負重，折腰蹲身，左足隨之後撤而足尖點地，兩足相距半步；右掌自右上往右下翻扣於右胯前，掌心朝下，左掌趁動微上提。目視左掌指（圖 235）。

要點：折腰時，勁脊到腰脊保持成直綫，勿弓背，左掌微上提含撩勁。

236. 下勢撩握拳

方位不變，左步向前邁踏并負重，後腿隨之屈膝半跪，足尖着地；同時兩掌變拳，拳心均朝下，左拳屈肘回落於左胯前，右拳前伸，右臂微曲。目視右拳前方（圖 236）。

要點：身體勿前俯後仰。兩臂微曲不挺直，以肩力送右拳。

237. 下式獨立撩

方位不變，右足向前跨步踩足，落地負重；提左足於右足旁，兩拳變掌前後互換抖動出、回，前左掌坐腕手指向前，右掌於後按勁。目視左掌指（圖 237）。

要點：要全身提貫，四肢齊振，發全身抖彈之勁力。

圖234

圖235

圖236

圖237

238. **上步七星**

方位不變，左足向前邁落一步負重，後右足上提并於左腿内側與膝相貼；同時左掌向上弧穿至喉前爲立掌，掌指與鼻、口齊，後右掌亦前上穿稍高於左掌指并於前方（或前後交叉成“十字掌”）。目視前掌指（圖 238）。

要點：身手與步須一致，左足負重要能運用脊力，達於兩臂。前後掌交叉成“十字掌”時，兩肩切不可因兩掌交叉而向上聳或鎖住。

239. **下步跨虎**

方位不變，右腿向右撤落與前足成 45°角；隨即右掌向右劃弧經右耳側向前下至胸前，迎左膝上提向裏旋轉，掌心朝下，扣按於胸前，左掌隨四肢齊動下落扣按左胯旁，眼神注於兩掌扣按（圖 239）。

要點：上體正直，勿前傾後仰。臂要呈弧形，曲蓄而圓滿。

240. **右轉角擺蓮①**

向右前邁左足至東南踏實弓步負重，頭身均轉向右；同時左掌自下而前上弧形迎右掌而動，右掌扶按於左掌背。面東南，目視前右方（圖 240）。

要點：左足向右扣邁至東南，踏實負重時身體不可搖晃，要立身中正，但腰要放鬆。

241. **右轉角擺蓮②**

上動不停，身體右轉至西南，左腿屈膝坐實，右脚向前踏；同時以左足爲軸，右腿向右上方弧形外擺，膝部自然微曲，脚高不超過肩；兩掌心均朝下隨右腿之右擺，有如雲手順腿向而雲之。眼神隨觀顧兩掌（圖 241）。

圖238

圖239

圖240

要點:此式身體旋轉,狀若旋風,用勁在下腿而不在脚。右腿擺蓮要用腰來帶動右腿外擺,腿部微屈,脚的高度不超過肩。

242. 轉角擺蓮落步

右腿向右前方正西落下呈右弓步負重,兩掌虛握爲拳,拳心朝上向後勒抱於腹臍間。面西,目視西南(圖 242)。

243. 雙風貫耳

左足經右足裏側前邁踏實成左弓步;同時,兩拳裏扣,拳心朝下,雙拳自下向前上方貫擊,拳高平額,兩臂内彎成橢圓形。面西,目視兩拳之隙(圖 243)。

要點:兩拳從側方貫擊兩耳,一定要敏捷如風,左腿前弓,右腿蹬直,并與左弓步協調一致。

244. 彎弓射虎

身體自右漸轉至西北,右足經左足裏側向右前邁落呈前弓腿,後腿蹬直呈右弓步;屈兩臂,由左下落向右運行,自左腰際經臍間至右腰旁,上身略右前傾;同時,兩臂翻轉上舉,右臂與肩、肘平,覆拳(虎口向下)近右腮,指左前方,勢如持箭;左臂屈肘近脇,舉拳打出,拳心朝下,高與胸平,勢如握弓,兩拳隨向右下方略旋而前伸,右上左下,兩拳相對。眼神觀及左拳打出(圖 244)。

要點:腰爲此式運動樞紐,兩臂運行,身須隨之,雙拳前擊,暗含螺旋之勁。身雖前傾,但不失中定,免身體前撲,右肘不上抬,

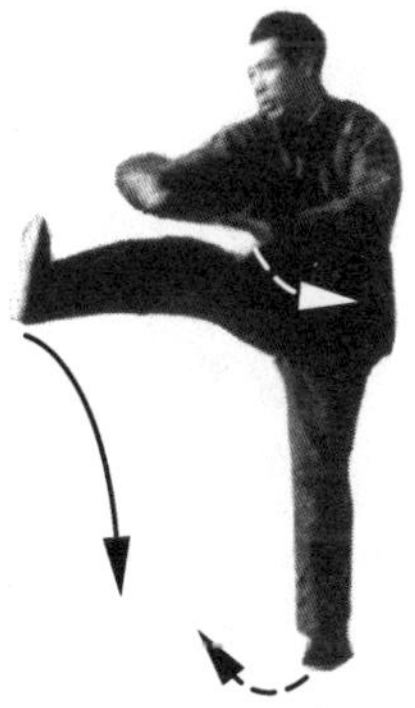

圖241

圖242

圖243

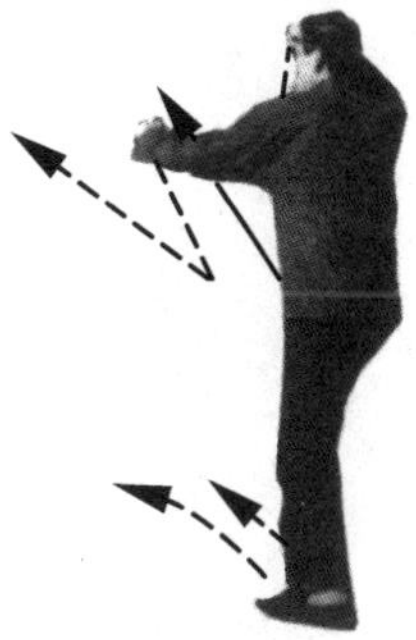

圖244

肩部不上聳。

245. 雙撞捶

續移重心於右腿，雙拳虛握如勾，由前上向右下落至臍間，雙拳心朝下相合一力，向前上齊發，高與胸平；落拳時，左足經右足內側向前邁，右足隨前跟，以續其勁與拳同發之。目視兩拳中間(圖 245)。

要點：同 244 式要點。

246. 回身

以腰爲軸身右轉至東南，左足向右邁扣，與右足成 45°角，雙膝相對；同時，兩拳變掌，左臂向自身折裹而回，掌心朝內與口相對，右掌向下弧形移動外翻，掌心朝上穿插於左肘下方。目視東南(圖 246)。

247. 陰陽混一

隨即身右轉至南，右足向右後弧形撤落負重與前足成 45°角，左足尖上翹；同時，兩掌根平胸翻轉爲十字架，左掌在前，右掌在後。目視兩掌之中(圖 247)。

要點：上下相隨，同時動作，兩臂呈環形，不可聳肩抬肘。

248. 無極還原

兩手向外翻掌，左右分開，手心向下，徐徐落於兩腿外側，左足向後與右足并距一拳之隔，兩腿負重，目平視正前(圖 248)。

要點：練習深呼吸片刻，意想四肢之氣息歸於中丹田，稍守片刻，徐徐散步收功。

圖245

圖246

圖247

圖248

後　記

河北定興縣“李氏三傑”兄弟同拜單刀李存義先生門下習武，排行第二之李文亭（字星階），於 1928 年在天津中華武士會時，經老中醫高季培（現在石家莊市）介紹，與本書著者關永年祖父結爲良友。永年之父得承文亭先生面授“六合心意拳術”，後又習孫禄堂先生所創之“開合太極拳”。

永年幼承家傳，於 1954 年又拜太極柔術專家趙憲章（字中道）先生，習“太極内功運動法”，并得其手稿及鉛印本多篇。後又從老中醫胡耀貞習氣功。暇時常與北京李長林、馮志强及馬有清（現寓居香港）等研究推手。

永年習太極拳以先天氣爲宗旨，并與後天氣功互爲作用，即以意領神，神形合一。在柔術專家趙中道珍藏秘書《太極柔術説明書》，與家傳形意拳、八掛掌及其孫氏開合太極拳諸家基礎上，融會貫通，發展“太極球、棒”創編了“太極内功養生拳”，又名“關氏太極拳”。本着爲社會大衆健康服務的宗旨，現將其奉獻世人。愛好者可隨意演練其中之一，若能順序全練，更能達到强身保健、延年益壽之目的。

本書在整編過程中，得到劉寶羣、黄殿卿、陳小偉、吴吉貴、楊宗林、王京生、吕忠祥、郤丹路、張懿、韓慶忠、石向珍、李斌諸位的熱情協助，在此一并致謝。

李玉英

1986 年 12 月於武漢